Maria Amata Neyer
Edith Stein

St. Alexandra 1989

Maria Amata Neyer

Edith Stein

Ihr Leben in Dokumenten und Bildern

echter

Zur Autorin: Maria Amata Neyer wurde 1922 in Köln geboren. Sie studierte zunächst Medizin; nach dem Physikum 1944 trat sie dann in den Kölner Karmel ein. Seit 1961 ist sie mit zwei kurzen Unterbrechungen Priorin. Sie hat das Edith-Stein-Archiv aufgebaut und leitet es. Seit vielen Jahren beschäftigt sie sich mit der Erforschung des Lebens Edith Steins.

CIP-Kurztitelaufnahme der Deutschen Bibliothek

Edith Stein : ihr Leben in Dokumenten u. Bildern / Maria Amata Neyer. – Würzburg : Echter, 1987.
  ISBN 3-429-01060-8
NE: Neyer, Maria Amata [Hrsg.]

© 1987 Echter Verlag Würzburg
Gestaltung des Umschlags: Alfons Radaelli
Gesamtherstellung: Echter Würzburg
Fränkische Gesellschaftsdruckerei und Verlag GmbH
ISBN 3-429-01060-8

Quellennachweis:

Bild Seite	
25	Stadtarchiv Frankfurt
26	Ursula Edelmann, Frankfurt
34 rechts	Franz Bücheler, Bergzabern
35 rechts oben	Bildkunst-Verlag Poppe, Bad Kissingen
38 links	Deutsche Luftbild, Hamburg
48; 50 rechts	Beuroner Kunstverlag
52 oben	Kunstverlag Hans Storms, Mönchengladbach
Umschlag sowie alle übrigen	Edith-Stein-Archiv, Köln

Inhalt

Zur Einführung

Stufen eines Lebens

Jedes Menschenleben birgt ein Geheimnis; es liegt im Dunkel des Unergründlichen. Auch wenn historische Erforschung und psychologische Erhellung unabdingbar sind für jede Biographie, entzieht sich ein Menschenleben doch der gedanklichen Durchdringung. Am ehesten findet es in Bildern seinen gültigen Ausdruck. Ein solches Bild zeigt uns die Heilige Schrift in ihrem ersten Buch:

»Als die Sonne untergegangen war, hatte Jakob einen Traum. Er sah auf einer Treppe, die auf der Erde stand und bis zum Himmel reichte. Auf ihr stiegen Engel Gottes auf und nieder. Und siehe, der Herr stand oben und sprach: Ich bin der Herr, der Gott deines Vaters Abraham und der Gott Isaaks. Ich bin mit dir; ich behüte dich. Durch dich werden alle Geschlechter der Erde Segen erlangen. Ich verlasse dich nicht, bis ich vollbringe, was ich versprochen habe« (Gen 28, 12–15).
Edith Stein hat das Bild vom Aufstieg viel bedeutet. Ihr Hauptwerk »Endliches und ewiges Sein« nennt sie den »Versuch eines Aufstiegs zum Sinn des Seins«. Ihre letzte, unvollendet gebliebene Arbeit war eine Studie über Johannes vom Kreuz, den Kirchenlehrer des Karmelitenordens. Wie in Vorahnung des Kommenden hatte sie jede freie Minute diesem heiligen

Mitbruder gewidmet, dessen Leben und Lehre nur einem Ziele galt: dem »Aufstieg zum Berge Karmel«, wo Gott sich treffen läßt.
Wehren wir hier einem Mißverständnis! Mit den Bildern von den Stufen, der Leiter oder der Bergeshöhe könnten sich Erinnerungen verbinden an Leistung, Einsatz, Willenskraft. Und in der Tat – sie sind notwendig. Aber nicht unsere Anstrengung vollbringt das Entscheidende. Selbst den Mystiker und Lyriker Johannes vom Kreuz, diesen Troubadour göttlicher Liebe, hätte jenes Mißverständnis fast zum strapazierten Asketen gemacht.
Und Edith Stein? Wie oft hat man an ihr die ungewöhnliche Fähigkeit zu bedingungsloser Konsequenz gerühmt. Aber nicht die Konsequenz ihres logischen Denkens, nicht die Konsequenz ihres starken Willens haben die Vollendung in ihr herbeigeführt, sondern die Konsequenz ihrer unbeirrbaren Liebe. »Ich verlasse dich nicht, bis *ICH* vollbringe, was ich versprochen habe« – so spricht der Herr (Gen 28, 15).
Kehren wir deshalb zu unserem biblischen Bild zurück. Jakob liegt im Schlaf und träumt. »Als die Sonne untergegangen war« (Gen 28, 12), in nächtlichem Dunkel also, sieht er die Gottesboten auf den Treppenstufen. Es sind die Stu-

fen seines Wachsens und Werdens, seines Innern; dort geschieht, was er im Traum schaut.
Edith Steins geistlicher Berater, der Erzabt von
Beuron, Dr. Raphael Walzer, ihr Freund
durch viele Jahre, greift zu diesem selben Bild,
wenn er von Edith Stein spricht. Er empfindet
ihr inneres Leben als überaus einfach, als sehr
tief und ruhig. Zugleich stellt er sich ihre In-
nenwelt voller Bewegung vor, wie eine Jakobs-
leiter (so sagt er es), auf der ihre Gedanken,
ihre Einsichten und Einfälle, ihre Pläne und
Wünsche auf- und niedersteigen, Boten zwischen Gott und ihr.

Und einem solchen Innenblick entspricht das
Außen. Denn auch Edith Steins äußeres Leben
ist wie ein Stufenweg. Das bedeutet: Immer
läuft ein Abschnitt ihres Lebens mit großer
Folgerichtigkeit auf den nächsten zu; jede
Wegstrecke schließt sich sinnvoll an die vor-
ausgegangene an, um wiederum in die folgende überzugehen – zu einem neuen Ort. In
auffallender Weise sind Ediths Steins Lebens-
strecken gebunden an Orte, Stätten, an denen
sie weilte und wuchs, lernte und lehrte, wo sie
Glück und Leiden fand und schließlich den
Heimgang.

*Das Foto, um 1894 entstanden, zeigt Eltern und
Geschwister Edith Steins; das Bild ist eine Fotomontage:
Nach dem plötzlichen Tod des Vaters bedauerten die
Angehörigen, kein vollständiges Familienbild zu besit-
zen, und so ließ man in die Aufnahme ein Paßfoto des
Verstorbenen einfügen. Das Bild stellt dar (hintere Reihe
von rechts): Arno, 1879 (Gleiwitz)–1948 (San Fran-
cisco/USA); Else, 1874 (Gleiwitz)–1954 (Bogotá/Kolum-
bien); Siegfried Stein, 1843 (Langendorf/OS)–1893
(Frauenwaldau/Goschütz); Elfriede, 1881 (Lublinitz)–1943 (Theresienstadt); Paul, 1872 (Gleiwitz)
–1943 (Theresienstadt); vordere Reihe von links: Rosa,
1882 (Lublinitz)–1942 (Auschwitz); Auguste Stein geb.
Courant, 1849 (Lublinitz/OS)–1936 (Breslau); Edith,
1891 (Breslau)–1942 (Auschwitz); Erna, 1890 (Lublinitz)–1978 (Langhorne/USA).
»Meine Mutter hat einmal gesagt«, schrieb Edith, »jedes
ihrer Kinder gebe ihr besondere Rätsel auf.«*

*Anfangs wohnte die Familie in der Kohlenstraße 13, wo
Edith geboren wurde. Dann zog sie in die Schießwer-
derstr. und bald darauf in die Jägerstr. 5, wo die achtköp-
fige Familie lange Jahre in einer 3½-Zimmer-Wohnung
lebte. Das Holzlager befand sich damals in der Rosen-
straße. Von diesem Holzplatz hat Edith viel erzählt. Alle
Kinder der Verwandtschaft und der Nachbarschaft durften sich dort tummeln. Edith Stein hielt solchen Spiel-
raum für eine wichtige Bildungsstätte: eine Stätte erster
Betätigungen, Bewährungen und Begegnungen. – Auch
die Arbeiter auf dem Holzplatz gehörten zur Familie;
Frau Stein war großzügig ihnen gegenüber, aber auch
eine rechte Matriarchalin in dem großen Betrieb. Wenn
Frau Stein im Winter stets mit warmen Händen vom
Holzplatz kam, erschien es Edith immer, »daß alles Leben und alle Wärme im Hause von ihr kam«.*

»Wir sind auf der Welt, um der Menschheit zu dienen...«

Breslau, die Hauptstadt Schlesiens, Wirt-
schafts- und Kulturzentrum des deutschen
Ostens, ist die Welt der Kindheit Edith Steins.
»Am 12. Oktober 1891 wurde ich, Edith Stein,

Tochter des verstorbenen Kaufmanns Siegfried Stein und seiner Frau Auguste (geb. Courant) in Breslau geboren. Ich bin preußische
Staatsangehörige und Jüdin.«

Frau Auguste Stein pflegte ihre Familie in drei Gruppen zu teilen: die Jungen, die Mädel und die »Kinder«. Die letzteren waren die »Nachkömmlinge« Erna und Edith. Die beiden Schwestern verband lebenslänglich eine besondere Freundschaft. Erna wurde Gynäkologin und heiratete den Hautarzt Dr. Hans Biberstein (1898–1965). Das Foto wurde etwa um 1889 aufgenommen (rechts Edith, links Erna). Erna und Edith besuchten, wie ihre älteren Schwestern, die Viktoria-Schule am Ritterplatz, später Blücherstraße; sie war erst Höhere Töchterschule, dann Mädchenlyzeum und zuletzt Realgymnasium. Edith erwarb durch eine Zusatzprüfung im Griechischen das Reifezeugnis eines humanistischen Gymnasiums.

Ediths Eltern betrieben einen Holzhandel; sie waren 1889/90 nach Breslau gezogen, um wirtschaftlich hochzukommen. Auguste und Siegfried Stein hatten elf Kinder, von denen sieben erwachsen wurden. Kurz nach Ediths Geburt starb ihr Vater. Auguste Stein – selbständig, stolz, zielbewußt – nahm sofort die Leitung des Holzbetriebes in die Hand und machte aus dem verschuldeten Geschäft eine angesehene Firma. Sie war überzeugte Jüdin, die dem Hauswesen in gläubiger Gesetzestreue vorstand; jedoch gelang es ihr nicht, ihren Kindern den Reichtum jüdischer Spiritualität zu vermitteln.

Edith, Liebling der Mutter, von den Geschwistern behütet und verwöhnt, macht als Kind sprunghafte Entwicklungen durch: bald sprudelnd-lebhaft, altklug und vorlaut, bald verträumt, verschlossen, verängstigt. Die hochbegabte Kleine findet den Kindergarten greulich, die Schule begeisternd. Mit 14 Jahren bricht sie plötzlich alles ab. Aber nach zwei Jahren entwickelt sie neuen Eifer; sie nimmt Privatstunden und geht ans Gymnasium zurück, wo es mit dem Abitur 1911 einen glänzenden Abschluß gibt.

Von der Zeit der Schulmüdigkeit stellt Edith später fest: »Ich hatte das Lernen satt...« Sie erklärt das mit der Beunruhigung durch die Entwicklungsjahre und durch weltanschauliche Fragen, die aufzutauchen beginnen. Zugleich fühlt die Halbwüchsige mit jener un-

Edith, Erna und Gerhard Stein, der Sohn des ältesten Bruders Paul. Das Foto wurde im Garten der Familie Stein aufgenommen, vermutlich 1905.

Zur Doppelseite 12/13:
Edith Stein wurde beim Abitur ihrer vorzüglichen Leistungen wegen von der mündlichen Prüfung befreit. Das Reifezeugnis ist am 3. März 1911 ausgestellt; beachtenswert ist das Fehlen des Religionsunterrichtes. Am Ende des Formulars ist die griechische Zusatzprüfung vom 26. Oktober 1915 eingetragen.

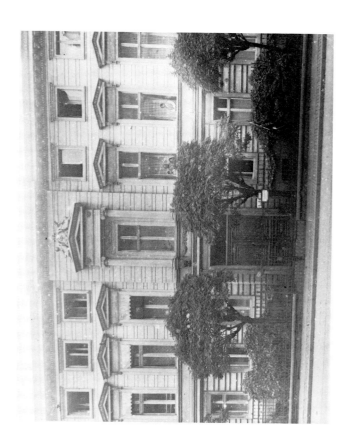

1903 erwarb Frau Stein für ihre Familie das geräumige Wohnhaus Michaelisstraße 38 und in nächster Nähe den Holzplatz Matthiasstraße 151.

Am Gitter des Vorgartens erkennt man die Emailschilder für die ärztliche Praxis von Dr. Erna Biberstein-Stein. In den Fenstern der ersten Etage sind Familienmitglieder zu sehen. – Vor dem Hausgitter pflegte die Studentin Edith beim Nachhausekommen noch mit Freunden philosophierend auf und ab zu gehen. Das war nicht im Sinne ihrer Mutter; Edith meinte später dazu: »Natürlich, die Leute aus der Nachbarschaft konnten nicht ahnen, daß wir in psychologische oder erkenntnistheoretische Probleme vertieft waren. Wir aber betonten bei jeder Gelegenheit, es sei uns gleichgültig, was ›man‹ sagte oder was ›die Leute‹ dächten...«

Städtische Viktoriaschule in Breslau
Studienanstalt der realgymnasialen Richtung

Zeugnis der Reife.

Edith Stein

geboren den 12. Oktober 1891 zu Breslau *...............* Konfession, Tochter des *...*

..

.... war 3 Jahre auf der realgymnasialen Studienanstalt der Viktoria-

schule und zwar *ein* Jahr in der obersten Klasse.

I. Führung und Aufmerksamkeit:

Führung und Aufmerksamkeit waren sehr gut.
...

II. Kenntnisse und Fertigkeiten.

1. **Religionslehre:** —

   Gesamturteil: /

2. **Deutsch:**

   ..
   ..
   ..
   ..

   Gesamturteil: _sehr gut_

3. **Französisch:**

   ..
   ..
   ..
   ..

   Gesamturteil: _gut_

4. **Englisch:**

   ..
   ..
   ..

   Gesamturteil: _gut_

5. **Lateinisch:**

   ..
   ..
   ..

   Gesamturteil: _gut_

6. **Geschichte:**

   ..

   Gesamturteil: _sehr gut_

7. **Erdkunde:**

[handschriftlich]

Gesamturteil: *gut.*

8. **Mathematik:**

[handschriftlich]

Gesamturteil: *gut.*

9. **Physik:**

[handschriftlich]

Gesamturteil: *gut.*

10. **Chemie:**

[handschriftlich]

Gesamturteil: *gut.*

11. **Turnen:** *gut.*

12. **Zeichnen:** *gut.*

13. **Singen:** —

Die unterzeichnete Prüfungskommission hat ihr demnach das Zeugnis

der Reife

zuerkannt.

Breslau, den 3 ten März 19..

Königliche Prüfungskommission.

[Unterschrift] — Königlicher Kommissar.

[Unterschrift] — Vertreter des Magistrats.

[Unterschrift] — Director.

[Unterschrift] — Professor.

[Unterschrift] — Professor.

[Unterschrift] — Professor.

[Unterschrift] — Professor.

[handschriftlicher Vermerk]

Breslau, ? 26. October 1915.
[Unterschrift]
Geheimer Regierungsrat.

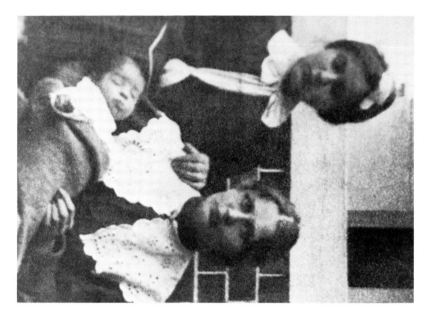

Von Mai 1906 bis März 1907 weilte Edith bei ihrer ältesten Schwester in Hamburg. Else Stein war dort mit dem Hautarzt Dr. Max Gordon verheiratet. »Max und Else waren völlig ungläubig. Religion gab es in diesem Hause überhaupt nicht.« Das Foto zeigt Edith (links) mit Else und deren zweitem Kind, Werner. – Jahre später gelang es Edith, durch geduldige, einfühlende Vermittlung die zerbrechende Ehe ihrer Schwester und ihres Schwagers zu retten. Die Familie emigrierte 1939, teils nach Norwegen, teils nach Kolumbien.

trüglichen Gewißheit, der wir bei Edith Stein noch öfter begegnen werden, daß sie Neues braucht: Um anders zu werden, muß sie anderswo sein. Sie geht nach Hamburg, wo ihre älteste Schwester, das zweite Kind erwartend, in schwieriger Ehe lebt. Nach einem Jahr kehrt Edith nach Breslau heim, zur jungen Frau herangereift. Auch die religiöse Frage betrachtet sie als gelöst: Sie hat dem Glauben abgesagt, »ganz bewußt und aus freiem Entschluß ...«. Ediths Lernpause hat sie nicht nur befähigt, die folgende Gymnasialzeit und die Breslauer Studienjahre fast wie im Spiel zu meistern; auch ihre Stellung in der Familie hat sich ganz geändert. Aus dem Nesthäkchen ist die erwachsene Tochter und Schwester geworden.

Aber nicht nur das: Immer mehr läßt Edith das Familienleben abseits liegen. Und alle leiden darunter – nur sie nicht. Ihren Lebensentwurf hat sie in die Worte zusammengefaßt: »Wir sind auf der Welt, um der Menschheit zu dienen.« Darin drückt sich ihr hochgespannter ethischer Idealismus aus; sie hat ein ausgeprägtes soziales Verantwortungsbewußtsein, verbunden mit einem starken Gefühl für die Solidarität aller Menschen. Aber es steckt auch ein Protest darin: Die Interessen der vielköpfigen Familie sind nicht mehr die ihren. Ein Kreis neuer Freundinnen und Freunde bewundert und umwirbt sie. Ihre ungewöhnliche Begabung, fremde Gedanken aufzufassen, sich in andere einzufühlen, dazu ihre Wahrhaftigkeit,

△

Diese Kindergruppe in einem Heim auf dem Warteberg bei Obernigk hat Edith als Studentin öfter besucht. Ihre Aufgeschlossenheit gegenüber den Erziehungsfragen der damaligen Zeit regten sie dazu an, sich auch in sozialen Einrichtungen und in Bildungsstätten für Blinde, Gehörlose oder Lernbehinderte zu informieren. – Das Haus auf dem Warteberg betreuten Diakonissen aus dem Mutterhaus in Schloß Miechowitz/OS, es wurde gegründet durch Eva von Tiele-Winckler, einer Schülerin v. Bodelschwinghs.

Universität Breslau.

Anmeldungs-Buch

der

Studierenden der *Humanistik u. Geschichte*

Fräulein *Edith Stein*

geboren, den *12. / IV.* 18 *91.*

immatrikuliert
und inskribiert } den 28. April 1911

▽

Am 28. April 1911 ließ sich Edith an der Breslauer Universität immatrikulieren. Sie genoß die »akademische Freiheit« in vollen Zügen. Da sie an einen vorgeschriebenen Studiengang nicht gebunden war, belegte sie, was ihr Freude machte. Später allerdings bemerkte sie, daß das Fehlen einer sachkundigen Leitung auch Nachteiliges für ihre Ausbildung gezeitigt habe. Stets aber empfand Edith »tiefe Dankbarkeit gegen den Staat, der mir das akademische Bürgerrecht und freien Zugang zu den Geisteswissenschaften der Menschheit gewährte. Alle die kleinen Vergünstigungen, die uns unsere Studentenkarte sicherte ... erweckten in mir den Wunsch, später durch meine Berufsarbeit dem Volk und dem Staat meinen Dank abzustatten«.

Edith Stein liebte die Natur sehr und begab sich gern auf lange Wanderungen. Vermutlich in den Sommerferien 1911 unternahm sie einen Ausflug zur Schneekoppe, der höchsten Erhebung des Riesengebirges. Das Bild zeigt rechts Erna Stein, unten Edith. Die anderen jungen Frauen sind Freundinnen.

▽

Das Bild aus dem Jahr 1913 zeigt vier Schwestern Stein nach dem Tennisspiel, von links: Rosa, Erna, Frieda und rechts Edith. Letztere war nicht nur für Geisteswissenschaften hervorragend begabt, sie hatte auch in Zeichnen und Gymnastik in der Schule stets gute Noten. Sie tanzte ausgezeichnet und rodelte und ruderte gern.

ihre Einsatzfreude – all das eröffnet ihr viele Beziehungen und Aufgaben: Vorlesungen, Seminare, Nachhilfeunterricht, Mitarbeit in studentischen Zirkeln, in sozialen und politischen Vereinigungen, Geselligkeiten...

Diese »ständige Anspannung aller Kräfte erweckte das beglückende Gefühl eines hochgesteigerten Lebens; ich erschien mir als ein bevorzugtes Geschöpf. So lebte ich in der naiven Selbsttäuschung, daß alles an mir recht sei...«. Kritik oder Tadel wagt niemand mehr anzubringen; sie jedoch hält sich dazu gegenüber jedermann für berechtigt, »oft in spottendem und ironischem Ton«.

Gerade in dieser Zeit treten jedoch auch erste Vorboten depressiver Lebensängste auf. Die Lektüre eines Tendenzromans, der sie abstößt, stürzt sie in eine Periode des Überdrusses und des Mißtrauens. Als man sie nach einem häuslichen Unfall mit Mühe einer Vergiftung entreißt, regt sich tiefes Bedauern in ihr. Edith erschrickt über sich selbst... Aber noch springt sie darüber hinweg.

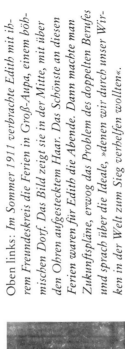

Oben links: Im Sommer 1911 verbrachte Edith mit ihrem Freundeskreis die Ferien in Groß-Aupa, einem böh-
mischen Dorf. Das Bild zeigt sie in der Mitte, mit über
den Ohren aufgestecktem Haar. Das Schönste an diesen
Ferien waren für Edith die Abende. Dann machte man
Zukunftspläne, erwog das Problem des doppelten Berufes
und sprach über die Ideale, »denen wir durch unser Wirken in der Welt zum Sieg verhelfen wollten«.

Oben rechts: Auch dieses Foto stammt aus den Sommerferien 1911. Rechts hinten Edith, vorn ihr künftiger
Schwager Hans Biberstein. Ihm nennt Edith einen weißen Raben unter den Studenten, denn er trat heftig für
die volle Gleichberechtigung der Frauen ein. Die ganze
Gruppe war Mitglied im Preußischen Verein für Frauen-
stimmrecht.

Das ist der Roman, dessen Lektüre Edith Stein so tief beunruhigte und bedrückte. Er schildert das Studentenleben von einer Seite, die Edith gar nicht kannte, die ganz ihrem Idealismus entgegengesetzt war: mit Alkoholzwang, Duellen und moralischen Verirrungen. Möglicherweise hat auch das aufdringliche Plädoyer für die nordische Rasse Edith abgestoßen. Erst das Bachfest, das 1912 in Breslau gefeiert wurde, entriß sie der tiefen Depression.

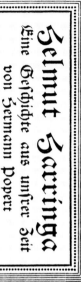

Helmut Harringa

Eine Geschichte aus unsrer Zeit

von Hermann Popert

Für das deutsche Volk herausgegeben
von Dürerbunde

Zwanzigste Auflage
Hundertstes Tausend

1 + 9 + 1 + 2

Verlegt bei Alexander Köhler
in Dresden

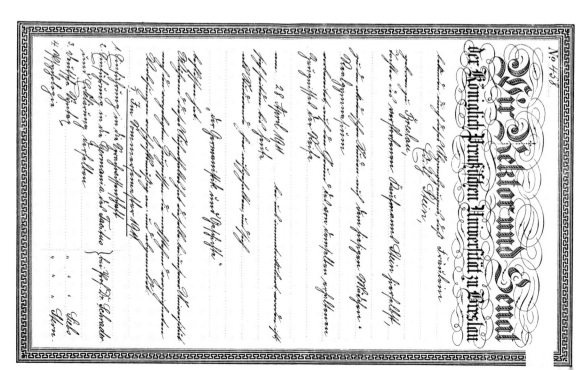

Abgangszeugnis von der Universität Breslau.

Edith Stein war wegen Husserl nach Göttingen gegangen; die freundschaftliche Beziehung blieb bis zu Husserls Tod bestehen. – Edmund Husserl, geboren 1859 in Proßnitz/Mähren, studierte in Leipzig, Berlin und Wien, kam über die Mathematik zur Philosophie und habilitierte sich in Halle, ehe er Ordinarius in Göttingen wurde. 1900 und 1901 waren die beiden Bände seiner »Logischen Untersuchungen« erschienen, 1912 die »Ideen«. Diese Werke waren es, daß es Husserls phänomenologische Methode weltbekannt machten.

GÖTTINGEN

»*... Blick in neue Welten...*«

In Edith Steins erster Lebenshälfte hat wohl keine Stadt eine solche Bedeutung für sie gewonnen wie Göttingen. Hier wurde sie, »fast ohne es zu merken, allmählich umgebildet«.

In der Atmosphäre des Breslauer Universitätslebens hatte sich Edith heimisch gefühlt, beschenkt und gefordert zugleich. Und doch empfindet sie plötzlich das Liebgewordene wie eine Beengung. »Ich hätte hier noch sehr viel dazulernen können«, schreibt sie, »es drängte mich aber fort.«

Sie hatte sich in Breslau vier Semester lang vorwiegend mit Psychologie beschäftigt und stieß dabei immer wieder auf den Namen des Philosophen Edmund Husserl und auf seine phänomenologische Methode. Diese ist für Husserl keine inhaltliche Philosophie, sondern setzt bei den »Sachen selbst« an, sieht aber vom nur Tatsächlichen ab und sucht das Wesen dessen zu erfassen, »was sich zeigt«. »Der Blick wendete sich vom Subjekt ab und den Sachen zu; die Erkenntnis schien wieder ein Empfangen, das von den Dingen sein Gesetz erhielt, nicht ein Bestimmen, das den Dingen sein Gesetz aufnötigte«, schreibt Edith. Ihren Schritt von der Psychologie zur Phänomenologie begründet sie so, daß es der ersteren »an dem notwendigen Fundament geklärter Grundbegriffe

Am 17. April 1913 kam Edith Stein in Göttingen an. Beim ersten Rundgang durch die Stadt fielen ihr die zahlreichen Gedenktafeln auf an den Häusern, in denen ehemals prominente Persönlichkeiten gewohnt hatten. Eine solche Gedenktafel gibt es inzwischen in Göttingen auch für Edith Stein, am Haus ihres ersten Domizils dort: Lange Geismarstraße 2. Das Haus gehörte dem Maler Wilhelm Gille. Die Gedenktafel wurde am 9. November 1973 dort angebracht nach einem Beschluß des Kulturausschusses.

fehlte«, während die letztere »ganz eigentlich in solcher Klärungsarbeit bestand und man sich das gedankliche Rüstzeug ... selbst schmiedete«.

Ihr Entschluß reift schnell: Für das Sommersemester 1913 muß sie nach Göttingen! Und sie ist hingerissen von dem Neuen, das sie dort erwartet.

Halb uneingestanden weiß Edith in ihrem Inneren, daß es um mehr geht als um ein interessantes Auswärtssemester. Tatsächlich wird sie in Göttingen Menschen kennenlernen und Erfahrungen zu verarbeiten haben, die wie Gottesboten an ihren Weg treten, unerkannt noch und sie dennoch weiterführend – »der größten Entscheidung meines Lebens entgegen«, wird sie später schreiben. Beziehungen zu Menschen entstehen, die ihr »eine bis dahin völlig unbekannte Welt« zu eröffnen beginnen. Es ist die Welt des Glaubens, für Edith freilich zunächst nur ein »Bereich von Phänomenen«. Er mußte jedoch ernsten Nachdenkens wert sein, denn von ihr bewunderte, ihr überlegene Menschen lebten darin. Und die Beziehung zu diesen Menschen ist »tiefer und schöner als die alten Studienfreundschaften. Es war das erstemal, daß nicht ich der führende und umworbene Teil war ...«.

Edith empfindet deutlich, wie sehr die Göttinger Zeit »der Anfang eines neuen Lebensabschnittes« ist. Denn auch dies erfährt sie zum erstenmal in ihrem Leben: Selbstgewählte Aufgaben drohen ihre Kräfte zu übersteigen, widerstehen ihrem Zugriff durch Verstand und Willen. Verlassenheit und Entmutigung sind nicht mehr abzuschütteln; Erschöpfungszustände zermürben sie; es kommt zu Verzweiflungsgefühlen, ja zu Todesphantasien.

Inzwischen bricht der Weltkrieg aus; es ist Sommer 1914. Hellwach erlebt Edith das große Geschehen. Bedingungslos will sie ihm ihr Leben unterordnen. Sie meldet sich beim

Die stärksten Anregungen in Göttingen verdankte Edith der »Philosophischen Gesellschaft«, dem engeren Kreis der eigentlichen Husserlschüler. Das Foto ist im Jahr 1912 aufgenommen, also ein Jahr, bevor Edith nach Göttingen kam. Es zeigt links: Jean Hering, Schröder (Vorname nicht mehr zu ermitteln), Adolf Reinach, Hans Lipps, Theodor Conrad, Max Scheler, Alexander Koyré, Siegfried Hamburger, Hedwig Martius, Rudolf Clemens, Gustav Hübener, Alfred v. Sybel. Mit fast allen Genannten war Edith Stein später befreundet. Von besonderer Bedeutung wurden für sie die Begegnungen mit Max Scheler, Adolf Reinach, Hans Lipps und Hedwig Martius. Scheler, damals noch begeisterter Katholik, hielt in Göttingen Gastvorlesungen. Zum erstenmal begegnete Edith Stein bei einem Denker von Rang der katholischen Glaubenswelt.

Am Tage nach der Ankunft in Göttingen suchte Edith Adolf Reinach auf. Ursprünglich Schüler des Philosophen Theodor Lipps in München, war er durch Husserls Werke nach Göttingen gezogen worden und hatte zusammen mit Theodor Conrad dort die »Philosophische Gesellschaft« gegründet. Zur Zeit Edith Steins war er Privatdozent und im Verkehr mit den Studenten Husserls rechte Hand. Er lebte seit kurzem mit Anne geb. Stettenheimer in überaus glücklicher Ehe, die durch Reinachs frühen Tod – er fiel 1917 an der Westfront – jäh beendet wurde. Edith fürchtete sich sehr vor der Begegnung mit der jungen Witwe, als diese sie bat, den Nachlaß ihres Mannes zu ordnen. Anne Reinach jedoch – kurz zuvor mit ihrem Mann (beide waren Juden) zum evangelischen Glauben konvertiert – blieb gefaßt und von ungebrochenem Lebensmut. An ihr erlebte Edith zum erstenmal die Kraft, die der Glaube an den erlösenden Kreuzestod Jesu dem Leidenden mitzuteilen vermag.

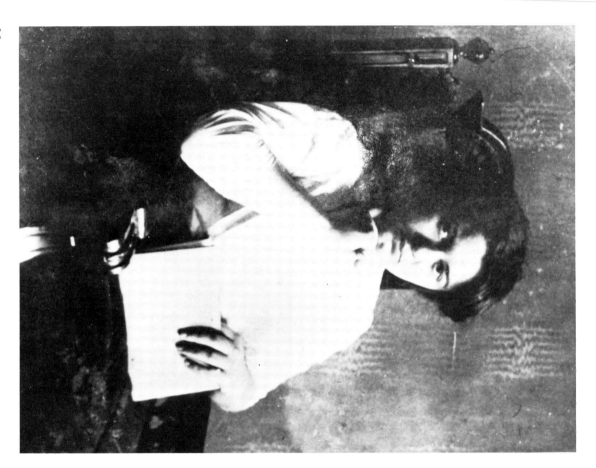

Die schwerste Zeit in Göttingen war für Edith das Wintersemester 1913/14. Sie wollte sich ihrer Doktorarbeit – Thema: Zum Problem der Einfühlung – widmen; aber es gelang ihr nicht: »Nach und nach arbeitete ich mich in eine richtige Verzweiflung hinein...Ich konnte nicht mehr über die Straße gehen, ohne zu wünschen, daß ein Wagen über mich hinwegführe... und ich nicht lebendig zurückkommen würde...« Sie entschloß sich endlich zu einem offenen Gespräch mit Adolf Reinach. Sein verständnisvoller Zuspruch brachte sie allmählich wieder ins Gleichgewicht und ermöglichte ihr von neuem die geistige Anspannung, bis im nächsten Sommer der Ausbruch des Krieges die Arbeit unterbrach.

In der Kadettenanstalt in Mährisch-Weißkirchen, die 1915 als Typhuslazarett eingerichtet wurde, lagen tausende schwerkranke Soldaten. Auguste Stein wollte ihrer Tochter den Einsatz dort verbieten: »Mit meiner Einwilligung wirst du nicht gehen!« – »Dann muß ich es ohne deine Einwilligung tun«, gab Edith zur Antwort.

Das Pflegepersonal in Mährisch-Weißkirchen veranstaltete ab und zu einen Kommersabend. Es ging harmlos zu, aber Edith Stein (im Vordergrund) – »Schwester Edith!« – fühlte sich nicht wohl dabei. »Ich dachte an meine Kranken«, schreibt sie. An starken Kaffee und Zigaretten, so fügt sie hinzu, habe auch sie sich gewöhnt.

Roten Kreuz, macht die Helferinnenprüfung, arbeitet fieberhaft in einem Seuchenlazarett nahe der Karpatenfront.

Noch vor der ungeduldig herbeigesehnten Einberufung hat sie in Göttingen das Staatsexamen gemacht. Nach der Entlassung aus dem Sanitätsdienst holt sie das Graecum nach und beginnt dann in Breslau ihr Referendarjahr. Sie will vor allem für einen schwer erkrankten Studienrat einspringen; daneben aber

möchte sie die Mutter und Geschwister mit dem Gedanken beruhigen, daß sie jetzt einen überschaubaren Weg eingeschlagen hat.

Mit der Obersekunda der Viktoriaschule, an der Edith Stein ihr Referendarjahr begann, machte sie zuweilen einen Sonntagsausflug. »...richtig wandervogelmäßig mit Kochgeschirr und Zupfgeigen...« Ganz oben im Bild: Edith Stein.

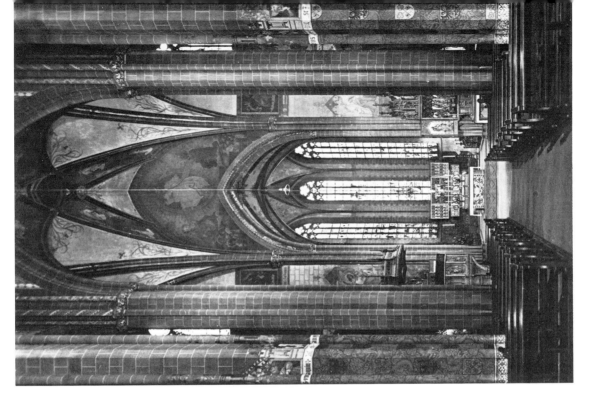

Freiburg

»...gehorchen, das kann ich nicht...«

Im April 1916 folgt Husserl, der »Meister«, einem Ruf an die Universität Freiburg. Das bedeutet, daß auch Edith Stein für ihr Doktorexamen dorthin muß. Sie war noch nie im Westen Süddeutschlands gewesen, und nun freut sie sich auf das Neue.

Unterwegs trifft sie ihren Göttinger Studienfreund Hans Lipps, lernt Frankfurt und Heidelberg kennen. Was Edith von all dem nach Jahrzehnten noch zu schildern weiß, das zeigt: Was ihr an Zeugnissen christlichen Lebens entgegentritt, ist ihr nicht nur ernsten Nachdenkens wert, es ergreift sie im Inneren. Hans Lipps erzählt ihr von einigen jungen Phänomenologen, die konvertiert hatten: »Gehören Sie etwa auch dazu? – Nein, ich gehörte nicht

Im Juli 1916 unterbricht Edith Stein in Frankfurt ihre Reise nach Freiburg. Mehr als die Goethe-Erinnerungsstätten am Römerberg und am Hirschgraben beeindruckte sie eine Begegnung im Dom. In das menschenleere Gotteshaus kam eine Marktfrau und kniete still in einer Bank nieder. Das hat Edith Stein nie vergessen; in den Synagogen und in protestantischen Kirchen hatte sie Beter nur beim Gottesdienst erlebt. Hier aber kam jemand in die leere Kirche – »wie zu einem vertrauten Gespräch«.

In Frankfurt prägte sich Edith noch ein zweites Erlebnis ein. In einem Museum stand sie ergriffen vor vier Heiligenfiguren, die zu einer Flämischen »Grablegung« gehört hatten. Sie fühlte sich wie überwältigt vom Ausdruck der Gesichter und konnte sich lange nicht losreißen. Der Eindruck war so stark, daß Kunstwerke der griechischen Antike, die sie eigentlich anschauen wollte, sie nicht mehr anzusprechen vermochten.

dazu. Fast hätte ich gesagt ›leider nein‹, so schildert sie später das Gespräch. Als Edith nach Breslau zurückfährt, hat sie das Examen mit Höchstprädikat geschafft. Das war zu erwarten. Sie hat außerdem ein Abkommen mit Husserl in der Tasche, daß sie ab

Herbst als seine wissenschaftliche Assistentin arbeiten wird. Das war nicht zu erwarten. Edith ist glücklich. Nun kann sie den Schuldienst aufgeben und ihre Interessen und besonderen Gaben zur täglichen Aufgabe machen. Doch die eineinhalb Jahre bei Husserl werden

In Freiburg bemerkte Edith, daß Husserl sich in einer schwierigen Lage befand. Er brauchte einen Assistenten; aber seine Schüler waren alle im Feld. Als Edith einmal mit ihm über die alte Friedrichsbrücke ging, bot sie ihm ihre Hilfe an, und Husserl stimmte in freudigster Überraschung zu. »Ich weiß nichts«, schreibt Edith, »wer von uns beiden glücklicher war.«

DOCTORPRÜFUNG

des Herrn Frl. cand. phil. Edith Stein

Donnerstag, den 3. August abends 6 Uhr.

Geladen Herr Frl. cand. phil. E. Stein

FREIBURG, den 31. Juli 1916

Am 31. Juli 1916 teilte die Freiburger Albert-Ludwigs-Universität Edith Stein den Termin für die mündliche Doktorprüfung mit.

Herrn Fräulein Edith Stein

wird vorläufig bezeugt, daß sie die Doktorprüfung mit dem

Prädikat summa cum laude bestanden hat.

Freiburg i. B.,
3. 8. Aug. 1916

Die philosophische Fakultät:

Noch am Prüfungstag, dem 3. August 1916, stellte der Dekan der philosophischen Fakultät Edith Stein ein erstes Zeugnis aus; sie hatte summa cum laude – mit höchster Auszeichnung – bestanden.

eine schwere Zeit. Von der Zusammenarbeit zwischen Professor und Assistentin haben beide höchst unterschiedliche Vorstellungen. Edith möchte dem genialen Lehrer helfen, in seinen Forschungen voranzukommen, Neues, das man in Fachkreisen von ihm erwartet, zum Abschluß zu bringen, längst fällige Publikationen druckfertig zu machen. Sie hört alle Vorlesungen des Meisters, um als Interpretin seine Begriffe der ihm fremden Hörerschaft vermitteln zu können. Zu diesem Zweck hält sie ein eigenes Proseminar. »Richtiger Abc-Unterricht«, sagt sie dazu, »es macht aber doch Spaß.« (Übrigens: Aus diesem »philosophischen Kindergarten« Edith Steins sind namhafte Gelehrte hervorgegangen ...) Dennoch entwickelt sich das alles nicht in ihrem Sinne. Husserl läßt sie Stöße von Stenogramm-Manuskripten sichten und umarbeiten. Dann aber verwendet er das Geordnete nicht,

Gute Freunde hatten Edith geraten, in Freiburg nicht in der Stadt ein Quartier zu suchen, sondern im Vorort Günterstal. Trotz Examensvorbereitungen machte Edith mit ihrer Schwester Erna und mit Freundinnen, die sie besuchten, lange Wanderungen in den Schwarzwald.

Ein ruhiges Zimmer, zum Studium geeignet, und eine freundliche Wirtin fand Edith im Haus Dorfstraße 4.

Das Doktor-Diplom Edith Steins.

▽

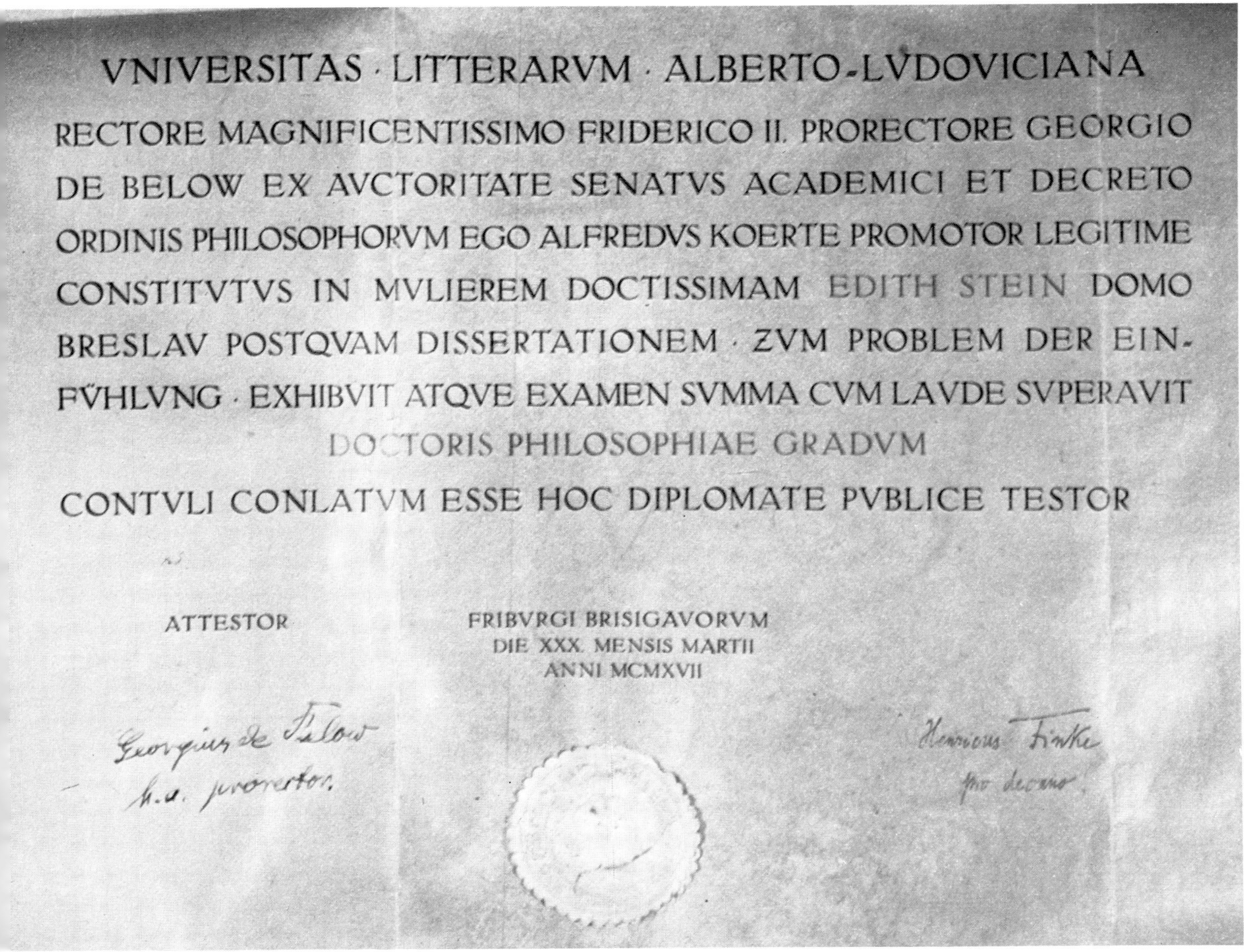

VNIVERSITAS · LITTERARVM · ALBERTO · LVDOVICIANA

RECTORE MAGNIFICENTISSIMO FRIDERICO II. PRORECTORE GEORGIO
DE BELOW EX AVCTORITATE SENATVS ACADEMICI ET DECRETO
ORDINIS PHILOSOPHORVM EGO ALFREDVS KOERTE PROMOTOR LEGITIME
CONSTITVTVS IN MVLIEREM DOCTISSIMAM EDITH STEIN DOMO
BRESLAV POSTQVAM DISSERTATIONEM · ZVM PROBLEM DER EIN-
FVHLVNG · EXHIBVIT ATQVE EXAMEN SVMMA CVM LAVDE SVPERAVIT
DOCTORIS PHILOSOPHIAE GRADVM
CONTVLI CONLATVM ESSE HOC DIPLOMATE PVBLICE TESTOR

FRIBVRGI BRISIGAVORVM
DIE XXX. MENSIS MARTII
ANNI MCMXVII

ATTESTOR

Georgius de Below
h.t. prorector.

Henricus Finke
pro decano.

beginnt Unerwartetes, läßt das Begonnene ebenso abrupt wieder fallen. Auch Aufträge von außen kommen ständig in die Quere; der Tod seines Sohnes, die Kriegsmisere hemmen die Tatkraft des Gelehrten. Daneben an eigene Arbeiten zu denken, erweist sich für Edith als unmöglich.

In dieser Zeit schreibt sie an einen Studienfreund: »Beten Sie für mich...« Es ist ein erstes Zeugnis, daß Gebet ihr wieder etwas zu bedeuten beginnt.

Allmählich gewinnt Edith den Eindruck, daß es Husserl bei ihrer Arbeit mehr um Erfüllung persönlicher Vorstellungen geht als um sachliche Zusammenarbeit. Seine Aufträge beschränken sich immer mehr aufs Ordnen von Manuskripten, für das sie keine Notwendig-

keit sieht. Als Husserl eines Tages einen solchen Auftrag mit Detailanleitungen versieht, erbittet sie die Entlassung aus dieser Arbeit. Husserl läßt sie frei, schreibt ihr später ein prächtiges Zeugnis und empfiehlt sie zur Habilitation. Auch Edith bewahrt dem genialen Mann alle Verehrung; für sie »bleibt er immer der Meister, dessen Bild mir keine menschliche Schwäche trüben kann«.

Anfang Oktober 1916 begann Edith Stein ihre Assistentenzeit bei Husserl. Sie blieb in Freiburg bis zum Herbst 1918. Husserl stellte ihr ein handgeschriebenes Zeugnis aus, das mit einer Empfehlung zur Habilitation abschloß: »Sollte die akademische Laufbahn für Damen eröffnet werden, so könnte ich Fräulein Dr. Stein an allererster Stelle und aufs wärmste für die Zulassung zur Habilitation empfehlen.«

BERGZABERN

»*Mein Geheimnis ist für mich...*«

Hedwig und Theodor Conrad nahmen in ihrem gast-freundlichen Haus in Bergzabern in der Pfalz viele der jungen Phänomenologen zu gemeinsamer Arbeit und zu lebhaftem Gedankenaustausch bei sich auf. Nach dem Conrad'schen Gästebuch verbrachte Edith Stein dort den größten Teil des Jahres 1921; wenn Raumnot herrschte, zog sie vom Gästezimmer in die Giebelkammer um. Das Haus befand sich am Eisbrünnelweg (heute umbenannt in Neubergstraße) Nr. 16.

Edith Stein hat einmal im Hinblick auf 1916 von »den merkwürdigen Zickzacklinien meines bisherigen Lebens« gesprochen. Sie hat damit zum Ausdruck bringen wollen: Das Vor und Zurück, das Auf und Ab ist nicht Willkür, sondern Führung und Fügung, bis der nächste Lebensort erreicht werden kann.

Gegen Ende 1918 verläßt Edith Stein endgültig Freiburg. Im Frühjahr war sie in Göttingen gewesen, und im Laufe des nächsten Jahres finden wir sie wieder mehrfach dort. Sie hat eine große Arbeit vollendet und versucht, sich zu habilitieren. Aber es mißlingt.

Das Jahr 1920 verbringt sie in Breslau. Sie hält private Vorlesungen in ihrem Elternhaus und gibt Kurse an der Volkshochschule. Dabei »brannte mir der Boden unter den Füßen«, schreibt sie. »Ich befand mich in einer inneren Krise, die in unserem Haus nicht gelöst werden konnte.« Auch gesundheitlich fühlt sie sich elend, »wohl infolge der seelischen Kämpfe, die ich ganz verborgen und ohne jede menschliche Hilfe durchmachte«.

Etwa um diese Zeit muß ihr klargeworden sein, daß Hans Lipps eigene Wege ging, die ihn von den ihren für immer trennten. Dies Schicksal vertieft Fragen in ihr, die sich seit langem geregt haben und keinen Aufschub

Das Philosophenehepaar Conrad bestritt einen Teil seines Lebensunterhaltes durch die Bewirtschaftung eines Obstgutes. »Tagsüber wurde dort in der Plantage gearbeitet«, berichtet eine Augenzeugin, »nachts philosophierte man.« Das Foto zeigt Hedwig Conrad-Martius bei der Arbeit im Obstgarten (um 1921).

mehr dulden. Es sind die Fragen: Wie gestalte ich mein Leben? Wo finde ich Gott? Die Antwort darauf, das weiß sie wieder mit untrüglicher Gewißheit, will nicht nur gewußt sein, sondern muß gelebt und getan werden.

Im Frühsommer 1921 vertiefte sich Edith Stein in die Selbstbiographie der Mystikerin und Kirchenlehrerin Teresa von Avila. Die Beschäftigung mit diesem Werk bringt das Ende eines langen Ringens und läßt in ihr den Entschluß reifen, in die katholische Kirche einzutreten. Vorbereitet war diese Entscheidung, schildert Edith später, durch die Begegnung mit Max Scheler und Anne Reinach.

Im März 1921 bricht Edith von Breslau nach Göttingen auf und von da nach Bergzabern in der Pfalz, zu dem ihr befreundeten Philosophenehepaar Theodor und Hedwig Conrad-Martius, beide Husserlschüler. Dort war es,

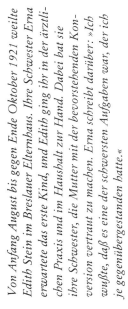

Von Anfang August bis gegen Ende Oktober 1921 weilte Edith Stein im Breslauer Elternhaus. Ihre Schwester Erna erwartete das erste Kind, und Edith ging ihr in der ärztlichen Praxis und im Haushalt zur Hand. Dabei bat sie ihre Schwester, die Mutter mit der bevorstehenden Konversion vertraut zu machen. Erna schreibt darüber: »Ich wußte, daß es eine der schwersten Aufgaben war, der ich je gegenübergestanden hatte.«

wo ihr »im Sommer 1921 ›das Leben‹ unserer heiligen Mutter Teresa in die Hände gefallen war« und ihrem »langen Suchen nach dem wahren Glauben ein Ende gemacht hatte«. Wie konnte das geschehen? Edith hat darauf

Schon in den Monaten vor der Taufe besuchte Edith in Breslau allmorgendlich die hl. Messe. Sie stand in aller Frühe auf und verließ lautlos das Haus. Dennoch wachte Frau Stein oft auf; bange Ahnungen, daß Edith zur katholischen Kirche gehe, erfüllten sie. – In St. Michael hat Edith auch später den Gottesdiensten beigewohnt, sooft sie in Breslau weilte.

geantwortet: »Mein Geheimnis ist für mich.« In solchen Schritten greift die Berufung Gottes und die menschliche Entscheidung geheimnishaft ineinander. Edith selbst war der Meinung, das alle Zweifel lösende Verstehen Teresas sei

in ihr vorbereitet worden durch Menschen, deren tiefe Gläubigkeit ihr Weiterdenken und Suchen herausforderte. Jahre hindurch hatte sie philosophisch-wissenschaftlich nach Wahrheit gesucht. Es war die »Wahrheit der Dinge«, der »Sachen selbst«, der Sachverhalte. Nun erfühlt sie in Teresa von Avila die Wahrheit der Liebe, die nicht Erkenntnis ist, sondern Beziehung. Teresa lebte die mystische Freundschaft mit Gott und mit dem, den er gesandt hat: Jesus Christus.

Am 1. Januar 1922 wird Edith Stein durch die Taufe in die katholische Kirche aufgenommen. Man beging damals an diesem Tag das Gedenken an die Beschneidung Jesu. Es ist das einzige jüdische Ritual, das als Hochfest in den liturgischen Kalender der Kirche eingegangen ist.

△ *Auguste Stein, Ediths Mutter, litt sehr unter der Konversion ihrer Tochter zur katholischen Kirche. Ihr Trost war die kurz zuvor geborene Enkelin Susanne, das erste Kind Erna Bibersteins.*

Der Taufstein in der Pfarrkirche St. Martin, an dem Edith Stein am Neujahrstag 1922 das Sakrament der Wiedergeburt empfing. Patin war Ediths Freundin Hedwig Conrad-Martius, deren weißen Hochzeitsmantel Edith als Taufkleid trug.

Dekan Eugen Breitling (geboren 1851 in Böhl – gestorben 1931 in Bergzabern), der Edith Stein taufte.

Oben rechts: Innenraum der katholischen Pfarrkirche in Bad Bergzabern, in der Edith Stein getauft wurde. Heute weisen dort mehrere Gedenktafeln auf das Ereignis hin.

△

Eintragung im Taufbuch von St. Martin in Bergzabern: »... baptizata est Editha Stein, ... quae a Judaismo in religionem catholicam transivit, bene instructa et disposita ...« – Edith nahm bei der Taufe zu ihrem Rufnamen die beiden Namen Theresia und Hedwig hinzu. Sie empfing am selben Morgen in St. Martin die erste hl. Kommunion.

Auf dem Dokument der Taufe liest man links unten eine spätere Eintragung, die sich auf die Ordensgelübde Edith Steins als Karmelitin beziehen. Edith bat oft geäußert, daß es vom Tage der Taufe an ihr Entschluß war, zu gegebener Zeit in den Orden der hl. Teresa einzutreten.

»… eine kleine, einfache Wahrheit, die ich zu sagen habe …«

Erst zehn Monate nach ihrer Taufe – im Oktober 1922 – kehrt Edith Stein nach Breslau zurück, jedoch nicht für lange. Sie war am 2. Februar 1922 in der Hauskapelle des Bischofs von Speyer gefirmt worden, hatte durch Vermittlung seines Generalvikars das Kloster der Dominikanerinnen St. Magdalena mit seinen Unterrichtsanstalten kennengelernt und nimmt nun dort eine Stelle als Lehrerin an.

Mehrere Überlegungen haben zu diesem Entschluß geführt. Unabhängigkeit vom Elternhaus war in ihrer besonderen Lage wünschenswert, ebenso ein Kennenlernen des kirchlichen Lebens in einer katholischen Umgebung. Gleichzeitig ermöglichte ihr das klösterliche Heim mit seiner Hauskapelle und dem Chorgebet der Ordensfrauen ruhige Stunden der Meditation und bot neben dem Schuldienst noch Gelegenheit zu wissenschaftlichen Arbeiten.

Edith war nach ihrer Konversion zunächst der Überzeugung, das neue Leben, in das sie hineingetaucht war, verlange größtmögliche Trennung von allem »Irdischen«. Allmählich wächst sie tiefer in Christus hinein und versteht, daß sie wie er zu den Menschen gesandt ist, daß sie berufen ist, mit ihm göttliches Leben in die Welt hineinzutragen. »Ich bin nur ein Werkzeug des Herrn«, schreibt sie, »wer zu mir

Bischof Dr. Ludwig Sebastian (geboren 1862 in Frankenstein – gestorben 1943 in Speyer), der Edith Stein das Sakrament der Firmung spendete.

Testimonium Confirmationis

Anno Domini 1922 , die *secunda Februarii* , *Edith Theresia Hedwigis Stein* , filia *Siegfried Stein* et *Augustae Courant* , coniugum in *Breslau* , 30 annos nata , in Ecclesia Cathedrali et Parochiali Spirensi a Reverendissimo D. D. *Ludovicus Sebastian* Episcopo Spirensi, confirmata est.

Ita testor:

Spirae, die 5. Maii 19 33

Carolus Hozau
canonicus curatus.

Das Firmzeugnis, das beim Eintritt Edith Steins in den Karmel ausgestellt wurde. Das vorgedruckte Formular enthält eine Unrichtigkeit: Edith wurde nicht im Speyerer Dom gefirmt, sondern in der bischöflichen Hauskapelle.

*In Generalvikar Josef Schwind fand Edith Stein in Speyer einen klugen Berater und hochherzigen Freund.
Nach seinem Tod 1927 widmete ihm Edith Stein einen ausführlichen Nachruf im Klerusblatt.*

Am 2. Februar 1922 wurde Edith Stein in der Hauskapelle des Bischofs von Speyer – zu dessen Diözese Bergzabern gehört – gefirmt.

Durch Vermittlung von Generalvikar Schwind lernte Edith Stein das Kloster der Dominikanerinnen von St. Magdalena in Speyer kennen. Acht Jahre lang wurde das Haus mit seinen Bildungsstätten und seinem Internat für sie Heimat und Wirkbereich. Mit mehreren der Ordensfrauen knüpfte sie Freundschaften, die bis zu ihrem Tode währten. Einigen der Kandidatinnen und Novizinnen gab sie Lateinstunden. Wenn das Wetter schön war, zeigte ihnen ein Fähnchen im Fenster des »Fräulein Doktors«, daß sie zum Unterricht im Garten erwartet wurden.

Um in der Klosterkirche von St. Magdalena ungesehen und ungestört beten zu können, erbat sich Edith Stein diesen Winkel hinter einem Pfeiler. Die (nur halb sichtbare) Tür führt ins Presbyterium der Kirche; so konnte Edith jederzeit unauffällig ihren Betstuhl aufsuchen und hatte einen ungehinderten Blick auf den Hochaltar.

Denn es gehörte zu ihrem geistlichen Leben, sich immer wieder, wenn die anderen Aufgaben es ihr möglich machten, in die Stille zurückzuziehen und zu beten. Dieses innere Gebet hat sie auch anderen empfohlen. Gerade der in vielerlei Obliegenheiten voll eingespannte Mensch, so argumentiert sie, bedürfe solcher Einkehr ins eigene Innere, wo Gott in uns wohnt. Dazu, so belehrt uns Edith, benötigen wir nicht einmal einen Kirchenraum; überall ist das geistliche Atemholen möglich.

Dieses Foto ließ Edith Stein während der Sommerferien 1926 in Breslau für eine Speyerer Junglehrerin anfertigen.

Unten: *Edith Stein als Lehrerin im Garten des Klosters St. Magdalena (man sah sie selten ohne Bücher, aber niemals mit einer Tasche oder Mappe!) und Schülerinnen des Internats in der vorgeschriebenen Kleidung.*

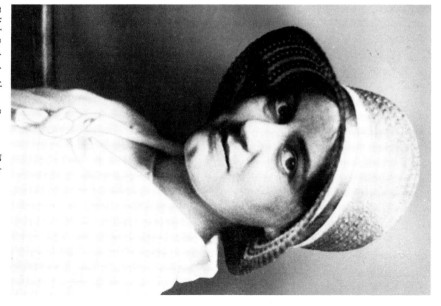

kommt, den möchte ich zu ihm führen.« Ihr Unterrichtsstil ist freilich der damals übliche; ihre angeborene Zurückhaltung und ihre Neigung zu einer nie ganz überwundenen Rigorosität in ihren Forderungen – an sich und an andere – sind nicht ausgemerzt. Und doch spüren alle – Schülerinnen wie Ordensfrauen – ihre aus dem Grund des Herzens aufsteigende Gottverbundenheit, und die Lauterkeit ihrer Zuwendung läßt Vertrauen und Freundschaft um sie herum erwachsen. Das gilt uneingeschränkt auch gegenüber ihren Lieben in Breslau, bei denen sie alljährlich ihre großen Ferien verbringt.

Auch die katholische Öffentlichkeit wird auf Edith Stein aufmerksam. Immer öfter wird sie zu Festveranstaltungen und Tagungen als Re-

Edith Stein inmitten ihrer Schülerinnen. »Die heute junge Generation«, schrieb Edith Stein später in einem Brief an eine im Schuldienst stehende Ordensfrau, »ist durch so viel Krisen hindurch gegangen – sie kann uns nicht mehr verstehen; aber wir müssen versuchen, sie zu verstehen...«

Edith Stein in ihrer Speyerer Zeit.

ferentin gebeten. Oftmals steht sie den großen katholischen Verbänden – Lehrerinnenverein, Frauenbund, Akademikerverband – zur Verfügung. Sie hält Fortbildungskurse für Junglehrer und -lehrerinnen, schreibt Aufsätze und Rezensionen, spricht im Rundfunk.

Edith Stein war, als umfassend gebildete Frau, auch eine vielseitige Rednerin; jedoch ist ihr Haupt- und wohl auch Lieblingsthema die Frauenbildung. Ausgang, Weg und Ziel religiöser Bildung ist für sie die liturgische und eucharistische Frömmigkeit, auch bei Männern... Edith Stein hat auf diesem Gebiet vor mehr als 50 Jahren Gedanken geäußert, die auch heute höchst bedenkenswert sind. Selbst vor der »schwierigen und vielumstrittenen Frage des Priestertums der Frau« weicht sie nicht zurück: »*Dogmatisch* scheint mir nichts im Wege zu stehen«, sagt sie in einem Vortrag, »was es der Kirche verbieten könnte, eine solche bislang unerhörte Neuerung durchzuführen.« Sie selbst, das ist hinzuzufügen, fühlte sich zu diesem Weg nicht berufen. »Ob geweiht oder ungeweiht, ob Mann oder Frau – zur Nachfolge Christi ist ein jeder berufen.« Das war ihr Weg. Aber auch dies ist ihre Überzeugung: »Erst die rein entfaltete männliche *und* weibliche Eigenart ergibt die höchste erreichbare Gottebenbildlichkeit und die stärkste Durchdringung des gesamten irdischen Lebens mit göttlichem Leben.«

Die »kleine, einfache Wahrheit«, die sie zu sa-

gen hat, ist die Beziehung der Liebe zu Jesus Christus, und an seiner Hand findet sie zum Vater im Himmel.

Verein kath. bayer. Lehrerinnen (e.V.)

Verzeichnis
der ordentlichen Mitglieder
Herausgegeben am 1. Mai 1927

Kreisverein Rheinpfalz.

Vorsitzende: **Barth** Klara Landtagsabgeordnete Ludwigshafen Humboldtstr. 65
Kassierin: **Huber** Margarete ♀ Rheingönheim Kirchstr. 16 Postscheckkonto Ludwigshafen 8391
1. **Ader** Therese AG Frankenthal
2. **Amberger** Hedwig Pr. Frankenthal
3. **Amberger** Katharina ♀ Frankenthal
4. **Antelmann** Margarete ♀ Neuburg a. Rh.
5. **Antoni** Anna ♀ Dahn

230. Dr. **Stein** Edith StR Speyer a. Rh. Kloster St. Magdalena
231. **Etoé** Stefanita ♀ Zundelhof
232. **Eßuß** Maria ♀ Ludwigshafen Parkstr. 36
233. **Thierß** Emma ♀ Ludwigshafen-Friesenheim Gutenbergstr. 39

Selbstverständlich war Edith Stein Mitglied im Verein katholischer bayerischer (später: deutscher) Lehrerinnen. Sie sprach wiederholt als Referentin auf dessen Hauptversammlungen. Maria Schmitz (1875–1962), langjährige Vorsitzende des Vereins und Reichstagsabgeordnete, schätzte und förderte Edith Stein. Sie hat ihr später auch die Dozentenstelle in Münster vermittelt.

J. H. KARDINAL NEWMAN

BRIEFE UND TAGEBÜCHER

bis zum Übertritt zur Kirche

1801–1845

Mit Einleitungen

von

FRANCIS BACCHUS UND HENRY TRISTRAM

Übertragen

von

Dr. EDITH STEIN

Herausgegeben

von

P. ERICH PRZYWARA S. J.

1 9 2 8

THEATINER VERLAG MÜNCHEN

Während der Jahre in Speyer hat Edith Stein nicht nur Unterricht gegeben, sondern auch schriftstellerisch gearbeitet. Neben vielen Einzelaufsätzen konnte sie trotz vollen Schuldienstes zwei große Arbeiten vollenden. Sie übertrug zunächst einen Band Briefe und Tagebücher von Kardinal Newman ins Deutsche. Der Husserlschüler Dietrich von Hildebrand hatte den Jesuitengelehrten Erich Przywara auf sie aufmerksam gemacht.

DES HL. THOMAS VON AQUINO
UNTERSUCHUNGEN ÜBER DIE WAHRHEIT
(QUAESTIONES DISPUTATAE DE VERITATE)

IN DEUTSCHER ÜBERTRAGUNG

von

EDITH STEIN

MIT EINEM GELEITWORT

VON

MARTIN GRABMANN

I. BAND
(QUAESTIO 1–13)

VERLAG VON
OTTO BORGMEYER / BUCHHANDLUNG / BRESLAU
1931

Edith Steins größte Arbeit in Speyer war die zweibändige Thomas-Übertragung. Rückblickend äußert sie sich zu dieser Leistung: »...daß das Werk fertig wurde und immerhin – trotz aller Mängel – so wurde, wie es ist, betrachte ich fast wie ein Wunder. Denn es ist in abgesparten Stunden neben einer vollbemessenen Schultätigkeit und manchen anderen Verpflichtungen entstanden.«

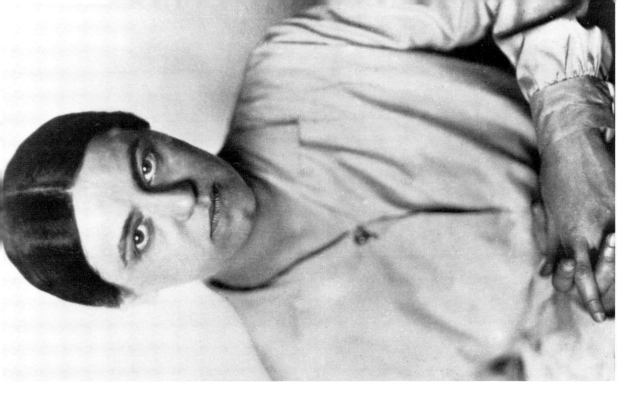

△ Bei einem Vortrag über die hl. Elisabeth von Thüringen am 30. Mai 1931, im Elisabeth-Jubiläumsjahr. Edith Stein hat zum 700. Todestag der Heiligen elfmal bei einer Feierstunde gesprochen. Es war ihr wichtig, in den Herzen ihrer Zuhörer große Vorbilder christlichen Lebens lebendig werden zu lassen.

»Andere Verpflichtungen« – das sind zum Beispiel immer wieder Vorträge. Der bedeutendste war wohl der Vortrag 1930 in Salzburg über »Das Ethos der Frauenberufe«. Sie sprach als einzige Frau auf der großen Hauptversammlung des katholischen Akademikerverbandes. Aus dieser Veranstaltung gingen die Salzburger Hochschulwochen hervor.

Ihren Schülerinnen wollte Edith Stein nicht nur Kenntnisse vermitteln, wie der Lehrplan sie vorsieht. Ihr schwebte eine umfassende Frauenbildung vor. Sie hatte sich für die Erziehung der jungen Mädchen eine Doppelaufgabe gestellt: Die ihr Anvertrauten sollten die Kraft mitbekommen, ihr Leben aus dem Geist Christi zu gestalten. Andererseits sollten sie auch die Aufgaben kennenlernen, die ihnen später in Ehe und Beruf gestellt wurden. Edith Stein war ihrer Zeit voraus, wenn sie beispielsweise an eine Ordensfrau schrieb: »... es geht wirklich nicht mehr an, die Mädchen ohne Sexualerziehung in die Welt hinauszuschicken ...«

Für die schon im Schuldienst stehenden Junglehrerinnen gab Edith Stein Fortbildungskurse. Dann saßen alle in ihrem Zimmer auf dem Fußboden um sie herum. Edith führte sie in das politische Tagesgeschehen und in die großen sozialen Probleme der Gegenwart ein – auch dies etwas völlig Neues in der damaligen Zeit.

45

△ Als Edith Stein von Speyer Abschied nahm, ließ sie viele junge Menschen in Bestürzung zurück. Sie jedoch faßte diesen Abschied nicht als innere Trennung auf: »Der Kreis der Menschen, den ich als zu mir gehörend betrachte«, schreibt sie um diese Zeit, »ist im Lauf der Jahre so gewachsen, daß es ganz unmöglich ist, den Verkehr in den üblichen Formen zu pflegen. Ich habe aber andere Mittel und Wege, um die Verbindung lebendig zu erhalten... Diese stete Verbundenheit mit allen, die das Leben mit mir zusammengeführt hat, macht einen wesentlichen Bestandteil meines Lebens aus...« Edith bat für die neuen Aufgaben, die ihr bevorstanden, ihre ehemaligen Schülerinnen um ihr Gebet: »Ich bekomme überall sehr schwierige Dinge in die Hände«, schreibt sie aus Wien an eine von ihnen, »und bin immer froh, wenn ich weiß, daß noch viele von Euch an mich denken und mir helfen mit einem Memento...«

▽ Am 26. März 1931 nimmt Edith Stein Abschied von Speyer. »Ich war acht Jahre in Speyer bei den Dominikanerinnen als Lehrerin, war mit dem ganzen Konvent innig verbunden«, wird Edith später über diese Zeit schreiben. Sie hat einmal lächelnd allzu ernst genommen, um so ernster aber die ihr anvertrauten Schülerinnen und die pädagogische Aufgabe. Als sie von Speyer fortging, wußte sie, wie schwer es ihr fallen würde, außerhalb eines klösterlichen Lebensrahmens zu beten und zu arbeiten. Aber sie hatte gelernt, »Wissenschaft als Gottesdienst zu betreiben«; der hl. Thomas von Aquin war dabei ihr Lehrer.

Bescheinigung.
===============

Fräulein Dr. Edith S t e i n war von Ostern 1923 bis Ostern 1931 an unserer Lehrerinnenbildungsanstalt und am Lyzeum als Lehrerin für deutsche Sprache und Geschichte tätig. Neben einem reichen Wissen besitzt Fräulein Dr. Stein eine gründliche philosophische Bildung und erteilte daher wahrhaft bildenden Unterricht. In ihrer religiös-sittlichen Lebensführung war sie ihren Schülerinnen ein leuchtendes Vorbild. Den Junglehrerinnen war sie für deren berufliche Fortbildung eine vorzügliche Führerin.

Speyer, den 11. Mai 1933.

Lehrerinnenbildungsanstalt der Dominikanerinnen

zu St. Magdalena:

Schw. M. Scholastica Einrich,
O. P.

Leiterin.

Edith Stein hat sehr gern bei den Ordensfrauen von St. Magdalena gelebt und gewirkt. Aber auch die Dominikanerinnen schätzten ihr »Fräulein Doktor« hoch – das Zeugnis der Schulleiterin beweist es.

»...*wie den Vorhof des Himmels*...«

Zwischen Edith Steins Entschluß zur Konversion (1921) und ihrem Klostereintritt (1933) liegen mehr als zwölf Jahre. Sie fielen in eine für das kirchliche Leben in Deutschland bedeutsame Zeit. Gläubige, kirchlich engagierte Christen hatten die Ghettomentalität abzuschütteln begonnen, welche die Katholiken lange Zeit vom kulturellen und politischen Leben abschnitt. Ihr begeisterter Aufbruchs- und Erneuerungswille mußte in der Konvertitin starken Widerhall finden. Edith Stein erfaßte die wachsende Bedeutung der großen katholischen Frauenvereinigungen und wußte sich mit ihrem Anliegen der Mädchenerziehung und Frauenbildung verbunden. Es waren die Jahre, als die katholischen Jugendbünde (Burg Rothenfels, Romano Guardini), die großen Pfarrverbände (Ludwig Wolker) oder der katholische Akademikerverband (Franz Xaver Münch) die Liturgische Bewegung mit großem Elan aufgriffen und sich zu eigen machten. Bedenken wir: Die Kirche, in die Edith Stein hineingetauft wurde – nach echter, persönlichster Entscheidung –, war eine Kirche, in der Ungezählte nie zu einem selbstverantworteten Glauben heranreiften; man fand sich vielmehr von Kind an in der Kirche vor und wuchs wie selbstverständlich in ihr auf. Die Liturgische

Bewegung nun war aus dem Entschluß erwachsen, die uralten Lebensschätze der Kirche dem Volke neu zu erschließen. Sie hatte erkannt: Es gibt kein Glaubensleben der Kirche ohne die Christusverbundenheit des einzelnen; dieser wiederum bedurfte der lebendigen Begegnung mit dem erhöhten Herrn, um teilzunehmen an seiner Sendung: hinein in die Welt, in ihr gesamtes – geistiges, soziales, wirtschaftliches, politisches – Leben.

Nach dem Tode von Generalvikar Josef Schwind in Speyer lernt Edith Stein die Erzabtei Beuron kennen. Der Jesuitengelehrte Erich Przywara hatte sie dorthin empfohlen. So wurde nun der junge Abt P. Dr. Raphael Walzer ihr Berater und Freund.

Beuron mit seinem liturgischen Leben, seiner kulturellen Ausstrahlung, seiner Atmosphäre des Wesentlichen, mit seinem hochbegabten, weitblickenden Abt wird ihr zur Wahlheimat. Edith, die allem Überschwang Abholde, empfindet Beuron »wie den Vorhof des Himmels«. Ihre weitgefächerten Tätigkeiten, die dichtgedrängten Arbeiten und Aufgaben laufen hier wie Speichen eines Rades in einem Mittelpunkt zusammen. Von dort her findet der Umkreis ihres reichen Lebens Halt und Antrieb zugleich. Beuron mit seinem monastischen –

das heißt: mit seinem von Gebet und Gottesdienst her geordneten – Leben schenkt ihr Ruhe im Innern und Orientierung für das Außen. Und dennoch: Der Vorhof ist nicht Wohnstatt für immer. Auch Beuron ist für Edith Stein nur eine Stufe auf der Treppe ihres Lebens.

Edith Stein hat die Feier der Liturgie als Begegnung mit dem Herrn aufgefaßt. Dies meint sie, wenn sie immer wieder sagt: Dem Herrn nachfolgen; ihn aufnehmen im Innersten des Herzens; Christi mystisches Fortleben teilen; ihm in freier Hingabe angehören; verbunden sein mit Christus zu dauernder Lebensgemeinschaft. Zu diesen Lebenszielen möchte Edith Stein vielen Menschen helfen, und sie erblickt im liturgischen Jahr und in dem Begehen seiner großen Mysterien einen Weg, auf dem der Herr sich treffen läßt. Dort ist er für uns da, damit er mit uns sprechen kann und wir mit ihm. Zu einem Miteinander zwischen ihm und uns soll es kommen, zum immerwährenden Gespräch der Freundschaft mit Gott.

Gott ist der Menschgewordene. Wer ihm verbunden sein will, muß Anteil haben am göttlichen und am menschlichen Leben, zu dem Leiden, Dunkel, Ratlosigkeit, schließlich das Sterben gehören. Mit Christus das Tor des Todes zu durchschreiten, um mit ihm zur Freude der Auferstehung zu gelangen, »ist der Weg für jeden von uns, für die ganze Menschheit«. Dieses »Zentralgeheimnis unseres Glaubens« ist für Edith der »Angelpunkt der Weltgeschichte«.

48

Mehrmals täglich machte Edith Stein in Beuron den Weg durch die Holzbrücke zur Abtei, um dem Chorgebet der Mönche beizuwohnen. Aber auch zu stiller Meditation weilte sie oftmals lange Stunden in der Abteikirche.

Das »Haus an der Holzbrücke«, die Pension Mayer, in der Edith Stein meist wohnte, wenn sie in Beuron war.

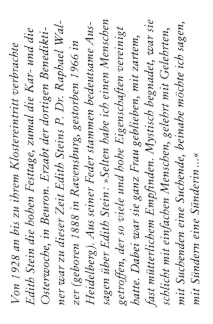

Erste Eintragung Edith Steins aus dem Gästebuch der Familie Mayer.

Von 1928 an bis zu ihrem Klostereintritt verbrachte Edith Stein die hohen Festtage, zumal die Kar- und die Osterwoche, in Beuron. Erzabt der dortigen Benediktiner war zu dieser Zeit Edith Steins P. Dr. Raphael Walzer (geboren 1888 in Ravensburg, gestorben 1966 in Heidelberg). Aus seiner Feder stammen bedeutsame Aussagen über Edith Stein: »Selten habe ich einen Menschen getroffen, der so viele und hohe Eigenschaften vereinigt hatte. Dabei war sie ganz Frau geblieben, mit zartem, fast mütterlichem Empfinden. Mystisch begnadet, war sie schlicht mit einfachen Menschen, gelehrt mit Gelehrten, mit Suchenden eine Suchende, beinahe möchte ich sagen, mit Sündern eine Sünderin...«

49

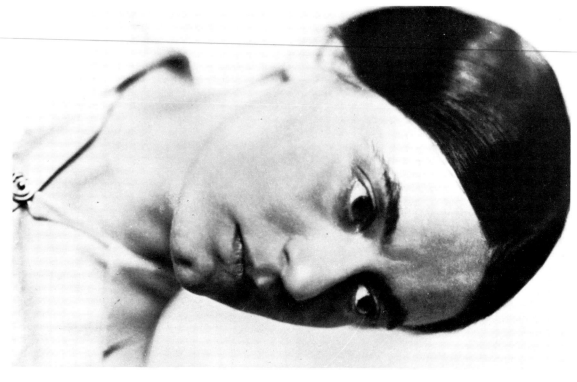

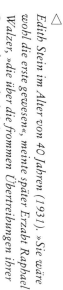

△
Edith Stein im Alter von 40 Jahren (1931). »Sie wäre wohl die erste gewesen«, meinte später Erzabt Raphael Walzer, »die über die frommen Übertreibungen ihrer Bewunderer gelächelt hätte.«

Wenn Edith dem Chorgebet der Benediktiner beiwohnte, betete sie aus ihrem Brevier alles voll Freude mit. Aber sie ließ es nicht gelten, nur das offizielle Gebet als »Gebet der Kirche«, nur die Liturgie als Gottesdienst zu betrachten. »Jedes echte Gebet«, schreibt sie, »ist Gebet der Kirche ... Der mystische Strom, der durch alle Jahrhunderte geht, ist kein verirrter Seitenarm, der sich vom Gebetsleben der Kirche abgesondert hat, – er ist ihr innerstes Leben.«

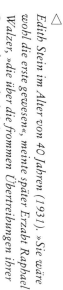

50

MÜNSTER

»...*wo meine Grenzen sind*...«

Nach acht Jahren Schultätigkeit in Speyer war es Edith Stein klargeworden, daß sie auf die Dauer Unterricht und wissenschaftliches Arbeiten nicht vereinigen könne. So gab sie Ostern ihre Schulstelle am Kloster St. Magdalena auf, um zunächst eine große Arbeit – »Akt und Potenz« – zu Ende zu bringen. Noch liegt ihre berufliche Zukunft im Dunkeln. Neue Habilitationsversuche scheitern; auch andere Aussichten auf einen wissenschaftlichen Auftrag zerschlagen sich. Edith jedoch ist von unbeirrbarer Gewißheit darüber erfüllt, »daß es so ist, wie es sein muß«. Dann wird ihr durch Vermittlung des Vereins katholischer Lehrerinnen eine Dozentenstelle am Deutschen Institut für wissenschaftliche Pädagogik in Münster angeboten, und so zieht sie im Februar 1932 dorthin.

Mit dem Sommersemester 1932 beginnt Edith Stein ihre Dozententätigkeit in Münster. Schon werfen die politischen Ereignisse ihre Schatten voraus. Die jungen Menschen, mit denen Edith Stein lebt und arbeitet, orientieren sich an ihrer starken Religiosität und an der Verläßlichkeit ihrer weltanschaulichen Position.

In Münster bezog Edith Stein zwei einfache Zimmer im Studentinnenwohnheim Collegium Marianum, in dem vorwiegend studierende Ordensfrauen lebten. Schwestern aus der Gemeinschaft Unserer Lieben Frau betreuten das Haus und seine Bewohner. Sie berichten später, daß die neue Dozentin oftmals viele Stunden in der Kapelle des Hauses verbracht hat.

Ein Jahr lang nur kann Edith Stein ihre Dozententätigkeit ausüben. Es geschieht viel in diesem Jahr. Vorerst ist sie damit beschäftigt, sich in ihre Aufgaben einzuleben. Kontakte zu den anderen Dozenten entstehen, auch zu den Professoren und Studentinnen der Universität. Neben ihren Vorlesungen hat sie Vorträge, Arbeitsgemeinschaften, Diskussionsabende, viel zusätzliche Lektüre und eine wachsende Korrespondenz zu bewältigen. Ihre überlegene Sachkenntnis, ihr kompromißloses Eintreten für den katholischen Standpunkt, verbunden mit großer persönlicher Schlichtheit, sichern ihr das Vertrauen vieler.

Aber da ist noch anderes, das sie tiefer beschäftigt als all dies. Ihr wissenschaftliches Werk hat ihr von Fachgelehrten hohes Lob, von anderen aber auch herbe Kritik eingetragen. Wie alle großen Denker fühlt Edith Stein überdeutlich die Kluft zwischen Vermögen und Aufgabe. Der Umgang mit Menschen, »die ganz mit ihrer Lebensarbeit verwachsen, richtig fachlich dafür vorgebildet und darin

In diesem Hörsaal im Collegium Marianum hat auch Edith Stein Vorträge für die Bewohnerinnen des Hauses gehalten. Ehe sie Münster verließ, bereiteten die Ordensschwestern und die Studentinnen ihr im Musiksaal einen festlichen Abschiedsabend.

Schritt so gehen mußte und daß ich mich ruhig weiter der Führung überlassen darf«.

Nur zwei Semester lang konnte Edith Stein Vorlesungen am Deutschen Institut für wissenschaftliche Pädagogik halten. Die »Machtergreifung« der Nationalsozialisten setzt ihrer Lehrtätigkeit ein vorzeitiges Ende. »Ich habe die schöne alte Stadt und das ganze Münsterland immer in liebevoller und dankbarer Erinnerung behalten«, schrieb sie später. »Vor weniger als 1½ Jahren war ich fremd nach Münster gekommen. Jetzt ließ ich einen großen Kreis von Menschen zurück, die in Liebe und Treue zu mir standen.« Am 15. Juli 1933 reiste Edith nach Köln ab; Freunde brachten ihr Rosensträuße auf den Bahnsteig, die sie für die Kapelle des Karmels mitbrachte.

groß geworden sind«, läßt sie das Gewicht des Versäumten fühlen. Sie meint die Notwendigkeit zu sehen, ganz von neuem, von unten her, mit philosophischen und theologischen Studien beginnen zu müssen, und sie weiß doch, daß dies in ihrer Lage nicht mehr möglich ist. Sie klagt darüber, daß sie die Fühlung mit dem modernen Leben verloren habe und befürchten müsse, den Anschluß nicht wiederzufinden und für die großen Geistesaufgaben der Zeit nicht gerüstet zu sein. So steht sie innerlich in hartem Kampf um die Begründung ihrer wissenschaftlichen Existenz und ringt um die Sinndeutung ihrer Lebensaufgabe.

In dieser Lage kommt ihr manches zu Bewußtsein, das bis in ihre Jugendjahre zurückreicht und das sie jetzt ganz neu zu verstehen beginnt. Was ihre nächsten Freunde ihr ehemals vorgeworfen hatten – Überschätzung ihrer Möglichkeiten, naives Selbstvertrauen, mangelnde Erkenntnis ihrer Grenzen –, das legt sie sich nun als eigene Frage vor. Und sie besteht die Mutprobe, Kritik als Chance zu begreifen, die eigene Unwissenheit und Unfertigkeit zu bejahen und gelassen das ihr Mögliche zu tun: Anregungen und Anstöße zu geben, an denen andere weiterarbeiten können.

Edith Stein fühlt lebhaft das Schmerzliche dieser Situation und empfindet diese doch als wahre Gnadenzeit. Sie ist sich ganz gewiß in ihrem Inneren, »daß es notwendig Schritt für

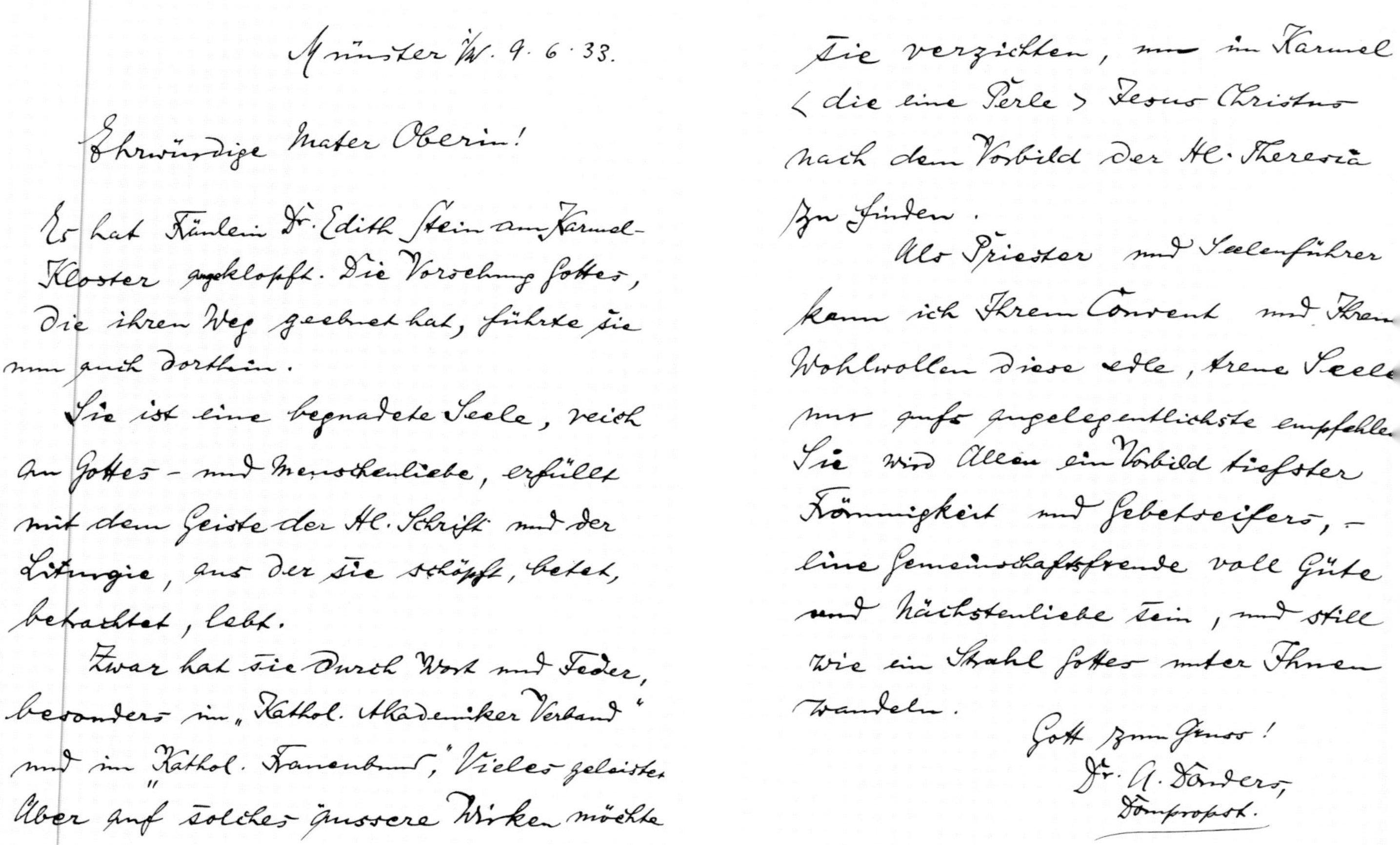

Münster i/W. 9. 6. 33.

Ehrwürdige Mater Oberin!

Es hat Fräulein Dr. Edith Stein am Karmel-Kloster angeklopft. Die Vorsehung Gottes, die ihren Weg geebnet hat, führte sie nun auch dorthin.

Sie ist eine begnadete Seele, reich an Gottes- und Menschenliebe, erfüllt mit dem Geiste der Hl. Schrift und der Liturgie, aus der sie schöpft, betet, betrachtet, lebt.

Zwar hat sie durch Wort und Feder, besonders im „Kathol. Akademiker Verband" und im „Kathol. Frauenbund", Vieles geleistet. Aber auf solches äussere Wirken möchte Sie verzichten, um im Karmel (die eine Perle) Jesus Christus nach dem Vorbild der Hl. Theresia zu finden.

Als Priester und Seelenführer kann ich Ihrem Convent und Ihrem Wohlwollen diese edle, treue Seele nur aufs angelegentlichste empfehlen. Sie wird Allen ein Vorbild tiefster Frömmigkeit und Gebetseifers, – eine Gemeinschaftsfreude voll Güte und Nächstenliebe sein, und still wie ein Strahl Gottes unter Ihnen wandeln.

Gott zum Gruss!
Dr. A. Donders,
Dompropst.

Professor Dr. Adolf Donders (geboren 1877 in Anholt, gestorben 1944 in Münster), Studentenpfarrer, engagierter Förderer der katholischen Frauenbewegung, stellte Edith Stein beim Abschied von Münster ein Zeugnis aus für den Eintritt in den Karmel. – Auch mit anderen Professoren aus Münster blieb Edith verbunden. Am Leidensweg von Prof. Dr. Peter Wust nahm sie im Kloster ergriffen Anteil. Herzliche Verbundenheit unterhielt sie mit Professor Dr. Bernhard Rosenmöller; als er 1937 nach Breslau versetzt wurde, kümmerte er sich, trotz großer Gefahr, um Ediths dort verbliebene Geschwister. Langjährige Freundschaft verband Edith auch mit Professor Dr. Balduin Schwarz (jetzt Salzburg) und Gemahlin. Die beiden zuletzt genannten Professoren waren später Hauptzeugen für Ediths Einstellung zu Judentum und Nationalsozialismus vor ihrem Ordenseintritt.

Köln

»...für alle vor Gott zu stehen...«

Der Beginn des Jahres 1933 bringt eine Lebenswende für viele, auch für Edith Stein. Die antisemitischen Machenschaften des Dritten Reiches setzen ihrer Dozententätigkeit in Münster ein Ende. Dieser Eingriff in ihr Leben überrascht sie nicht. Edith Stein – von Jugend auf ein politisch scharf beobachtender Mensch, klarsichtig für die großen Zusammenhänge des öffentlichen und des geistigen Lebens – erfaßt sofort, daß der Nationalsozialismus nicht nur politische Partei, sondern Mythos und Weltanschauung zu sein beansprucht. Sie setzt eine Tat: In einem Brief an Papst Pius XI. führt sie aus, daß sich die abzeichnende Judenfeindlichkeit Vorbotin großer Christen- und Kirchenverfolgungen sei. Wir wissen, wie sehr sie damit recht behalten hat. Eine Antwort aus Rom erfolgte nicht.

Seit vielen Jahren beschäftigt sich Edith Stein mit der heiligen Teresa von Avila, deren Herz schließlich nichts mehr kannte als Gott und die Menschen, die sie seinem Dienst gewinnen will. Plötzlich erfaßt Edith der Gedanke, daß die Stunde gekommen sei, sich selbst für den Weg Teresas zu entscheiden.

Edith Stein hat sich diesen Entschluß nicht leicht gemacht. Kann er nicht Flucht vor der herannahenden Verfolgung bedeuten? Sie aber glaubt und weiß: Der Herr selbst ist es, der in den jüdischen Brüdern und Schwestern leidet. Nicht alle freilich wissen das. Sie alle aber will Edith Stein mitvertreten; für sie alle will sie sich ganz eng dem Herrn verbinden, um miteinzugehen in sein Leiden, das Heil bringt für alle. Unabweislich ahnt sie, daß dieser Weg ihr so bestimmt ist und daß sie ihn im Karmel gehen muß. Bald eintreffende Angebote für Lehraufträge im Ausland lehnt sie ab. Nach schwerem Abschied von der hochbetagten Mutter tritt Edith Stein am 14. Oktober 1933 in den Kölner Karmel ein.

Zunächst beginnt ihr Ordensleben ruhig. Am 15. April 1934 wird sie eingekleidet und erhält den selbstgewählten Namen Teresia Benedicta a Cruce – vom Kreuz. Unbeschwert fügt sie sich der täglichen Ordnung des klösterlichen Lebens ein und darf auch weiterhin wissenschaftlich arbeiten.

Es ist oft gefragt worden, was Edith Stein, der doch die benediktinische und die dominikanische Spiritualität vertraut waren, bewogen habe, sich für die karmelitanische zu entscheiden. Abgesehen von ihrer Beziehung zu Teresa von Avila hat sie gewiß der Ursprung des Ordens im Land ihrer Väter angezogen, besonders der die Überlieferung über den Propheten des

Karmel, Elija, den der Orden Vater und Vor-
bild nennt. Elijas Wort: »Es lebt der Herr, vor
dessen Angesicht ich stehe« (3 Kön 17) –
Wahlspruch der Mönche und Nonnen des
Karmel – mußte Edith Stein viel bedeuten.
Edith Stein schrieb einmal aus dem Kloster,
Heimweh nach Beuron habe sie nicht; das
höre auf, wenn man in der wahren Heimat sei.
Was macht ihr den Karmel zur Heimat? Es ist

Die ersten Karmelitinnen waren 1637 nach Köln gekom-
men, hatten eine spätbarocke Kirche – St. Maria vom
Frieden – gebaut und das Anwesen 1802 verlassen müs-
sen. Dreißig Jahre später begannen erneut Karmelitinnen
mit einer Niederlassung in Köln, diesmal in nächster
Nähe der romanischen Basilika St. Gereon. Sie blieben
dort, bis Bismarck sie 1875 auswies. 1899 wurde der
Kölner Karmel zum drittenmal belebt. Man baute ein
Kloster in Köln-Lindenthal, in der Dürener Straße.
Dort trat Edith Stein in den Orden ein.

Der Herr ist mein Licht und mein
Heil — wen sollte ich fürchten?
(Ps. 26, 1)

PRO · DOMINO · DEO · EXERCITUUM
ZELO · ZELATUS · SUM

Ich brachte euch in das Land des Karmel, daß ihr feine Früchte und feine
besten Güter genießet.
(Introitus d. Vigilmesse d. Karmelfestes)
Willst Du dahin gelangen, alles zu sein,
verlange in nichts etwas zu sein.
(Hl. Johannes vom Kreuz)

Erinnerungsbild mit Edith Steins Handschrift.

Oben links: *Wie es Brauch war, trug die Postulantin
Edith Stein beim Festhochamt ein Brautkleid, dessen
weiße Seide später zu einem Meßgewand verarbeitet
wurde – auch dies entsprach damaligen Gepflogenheiten.*

▽

*Das Foto zeigt die damals während der hl. Messe übliche
Verschleierung. Über die Feier schrieb Edith Stein später:
»Keine Schilderung kann wiedergeben, wie schön es war.
Wir bekommen immer noch Dankbriefe von Gästen, die
einen ganz tiefen Eindruck mitgenommen haben.«*

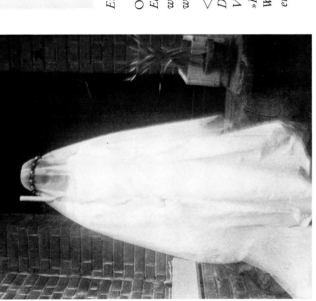

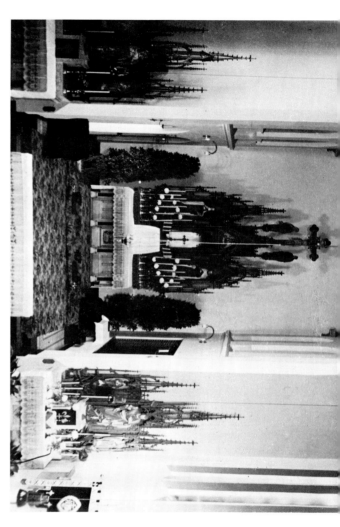

In der Kapelle des Karmels in Köln-Lindenthal wurde am 15. April 1934 Edith Steins Einkleidungsfeier begangen. Sie erhielt mit dem Ordenskleid den selbstgewählten Namen Sr. Teresia Benedicta vom Kreuz. »Unter dem Kreuz verstand ich das Schicksal des Volkes Gottes, schrieb sie später, »das sich damals schon anzukündigen begann.«

Der Provinzial der Unbeschuhten Karmeliten Deutschlands, P. Theodor Rauch (geboren 1890 in Alteglofsheim, gestorben 1972 in Regensburg), nahm die Zeremonien der Einkleidung vor. Seiner Anordnung ist es zu verdanken, daß die Novizin weiterhin wissenschaftlich arbeiten durfte. ▽

Im Nonnenchor in der Klausur verrichtete Edith Stein
täglich mit den übrigen Schwestern das Chorgebet und
zwei Stunden stiller Meditation. »Wer in den Karmel
geht«, schrieb sie an einen jüdischen Freund, »ist für die
Seinen nicht verloren, sondern erst eigentlich gewonnen;
denn es ist ja unser Beruf, für alle vor Gott zu stehen.«

△

Als Edith Stein im Karmel eintrat, war dort Sr. Teresia
Renata Posselt, eine bedeutende Frau, Novizenmeisterin.
Im Januar 1936 wurde sie Priorin und blieb es durch
viele Jahre. Sie erlebte die Zerstörung des Karmels in
Köln-Lindenthal durch Brand- und Sprengbomben im
Oktober 1944. Nach dem Zweiten Weltkrieg begann sie
den Wiederaufbau des Klosters an dessen erster Stätte
und führte so den Konvent zu St. Maria vom Frieden
zurück. Mutter Renata gab 1948 die Lebensbeschreibung
von Edith Stein heraus, die viele Auflagen und Überset-
zungen erlebte. Sie starb im Januar 1961.

▽

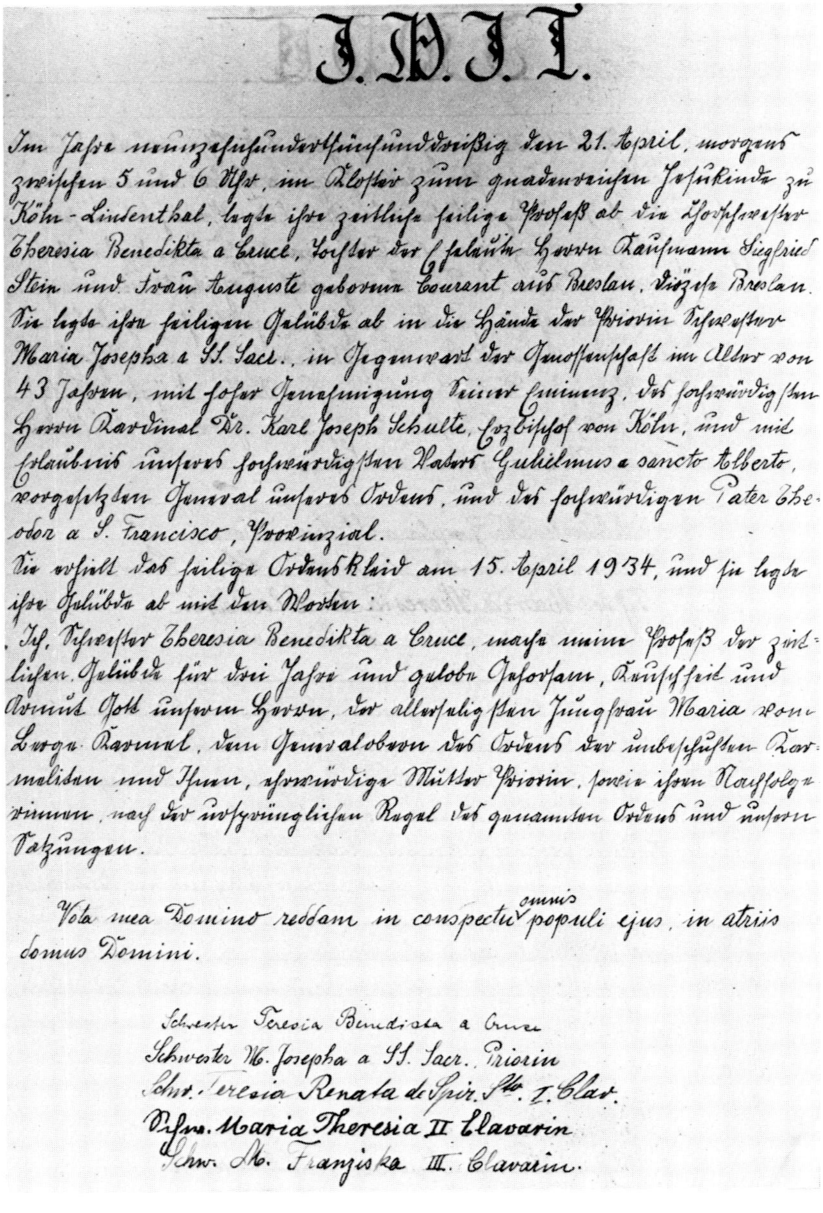

J.M.J.T.

Im Jahre neunzehnhundertfünfunddreißig den 21. April, morgens zwischen 5 und 6 Uhr, im Kloster zum gnadenreichen Jesukinde zu Köln-Lindenthal, legte ihre zeitliche heilige Profeß ab die Chorschwester Theresia Benedikta a Cruce, Tochter des seligen Herrn Kaufmann Siegfried Stein und Frau Auguste geborene Courant aus Breslau, Diözese Breslau. Sie legte ihre heiligen Gelübde ab in die Hände der Priorin Schwester Maria Josepha a SS. Sacr., in Gegenwart der Genossenschaft im Alter von 43 Jahren, mit hoher Genehmigung Seiner Eminenz, des hochwürdigsten Herrn Kardinal Dr. Karl Joseph Schulte, Erzbischof von Köln, und mit Erlaubnis unseres hochwürdigsten Vaters Gulielmus a sancto Alberto, vorgesetzten General unseres Ordens, und des hochwürdigen Pater Theodor a S. Francisco, Provinzial.
Sie erhielt das heilige Ordenskleid am 15. April 1934, und sie legte ihre Gelübde ab mit den Worten:
Ich, Schwester Theresia Benedikta a Cruce, mache meine Profeß der zeitlichen Gelübde für drei Jahre und gelobe Gehorsam, Keuschheit und Armut Gott unserm Herrn, der allerseligsten Jungfrau Maria vom Berge Karmel, dem Generalobern des Ordens der unbeschuhten Karmeliten und Ihnen, ehrwürdige Mutter Priorin, sowie ihren Nachfolgerinnen, nach der ursprünglichen Regel des gesamten Ordens und unseren Satzungen.

Vota mea Domino reddam in conspectu omnis populi ejus, in atriis domus Domini.

Schwester Teresia Benedicta a Cruce
Schwester M. Josepha a SS. Sacr. Priorin
Schw. Teresia Renata de Spir. Sto. I. Clav.
Schw. Maria Theresia II Clavarin
Schw. M. Franziska III. Clavarin.

Nach Beendigung des Noviziatsjahres legte Edith Stein – Sr. Teresia Benedicta vom Kreuz – am 21. April 1935 die ersten Gelübde ab, die sie für drei Jahre an den Orden und den Kölner Karmel banden. Das Foto zeigt die Eintragung im Protokollbuch des Klosters. Unter dem Text erkennt man auch die Unterschrift Edith Steins: Sr. Teresia Benedicta a Cruce.

Deutsches Caritasinstitut
für Gesundheitsfürsorge
Köln-Hohenlind

St. Elisabeth-Krankenhaus
Köln-Hohenlind

Fernsprecher 40551-54
Postscheckkonto Köln 113325
Girokonto Nr. 9949 bei der
Sparkasse der Stadt Köln

KÖLN-HOHENLIND, den   16. Juli 1938

T a u f s c h e i n .

Rosa Maria Agnes Adelheid S t e i n , geb. am 13. De=
zember 1883, wurde am 24. Dezember 1936 in der St. Elisa=
bethkirche zu Köln-Hohenlind durch Prälat van A c k e n
getauft.

Als Patin war zugegen Berta V e r y in Stellvertre=
tung von Schwester Rosa.

Im folgenden Jahr erlebte Edith Stein als große Freude die Konversion ihrer Schwester Rosa zur katholischen Kirche. Rosa wurde in der Kapelle des St. Elisabeth-Krankenhauses in Köln-Lindenthal getauft. Damals lag Edith Stein wegen eines Unfalls – sie brach bei einem Sturz von der Treppe Handgelenk und Fuß – auf der chirurgischen Station dieser Klinik und konnte deshalb der Tauffeier beiwohnen. In der Kapelle des Karmels empfing die Neugetaufte in der Hl. Nacht 1936 die erste hl. Kommunion.

das Gebet der Kirche – jetzt nicht mehr in Gestalt hoher Liturgie, sondern als schweigende Zwiesprache des Herzens mit Gott. Zwei Stunden täglich räumt der Karmel der Meditation ein, ein Erbe Teresas. »Was wäre Gebet der Kirche«, schreibt Edith, »wenn nicht die Hingabe der großen Liebenden an den Gott, der die Liebe ist?«

Am 21. April 1938 legt Sr. Benedicta die Ewigen Gelübde ab. Zuvor aber kommt es zu einem Zwischenfall. Es ist kurz vor der Volksabstimmung des 10. April. Jedermann weiß, daß es ein strenges Wahlgeheimnis längst nicht mehr gibt, daß die Nein-Stimmen schlimme Folgen haben können, daß das Wahlergebnis vermutlich sowieso manipuliert wird. Da fiel im Schwesternkreis die Bemerkung, es sei ganz gleichgültig, wie man abstimme. Dieses Wort bringt Edith Stein aus der Fassung. In leidenschaftlicher Erregung, die im Kloster bisher niemand an ihr gesehen hat, macht sie klar, daß einem christuswidrigen System jegliche Zustimmung zu verweigern sei, komme was immer.

Es kommt die »Reichskristallnacht« und mit ihr die größte Gefährdung für alle, die Gemeinschaft mit Juden halten. Daher bittet Edith um ihre Versetzung. Überraschend schnell kommen die notwendigen Papiere für die Ausreise zusammen. Der Hausarzt der Karmelitinnen, Dr. Paul Strerath, bietet sich mit Freuden an, die Gefährdete in seinem Wagen über die Grenze zu bringen. Am 31. Dezember 1938 nimmt Edith Abschied vom Karmel in Köln.

Am Tage der Gelübdefeier trug die Neuprofeß nach allgemeinem Brauch den Kranz aus weißen Rosen. Das Foto entstand im Klausurgarten des Karmels in Köln-Lindenthal.

Ich, Schwester Teresia Benedicta a Cruce, mache meine Profeß der einfachen, ewigen Gelübde und verspreche Gehorsam, Keuschheit und Armut Gott, unserem Herrn, der allerseligsten Jungfrau Maria vom Berge Karmel, dem Generalobern des Ordens der Unbeschuhten Karmeliten und Ihnen, ehrwürdige Mutter Priorin, sowie Ihren Nachfolgerinnen, nach der ursprünglichen Regel des genannten Ordens und unsern Satzungen bis zum Tode.

Vota mea Domino reddam, in conspectu omnis populi eius, in atriis domus Domini.

Karmel Köln-Lindenthal

21. April 1938.

ruf; er prägt ihr inneres Schicksal. Es ist, als habe alles äußere Geschehen, das über sie hereinbrechen wird, nur diese Aufgabe: ihre innere Berufung zu erfüllen. »Ich vertraue darauf«, schreibt sie bald nach der Ewigen Profeß, »daß der Herr mein Leben für alle genommen hat. Ich muß immer wieder an die Königin Esther denken, die gerade darum aus ihrem Volke genommen wurde, um für das Volk vor dem König zu stehen. Ich bin eine sehr arme und ohnmächtige Esther, aber der König, der mich erwählt hat, ist unendlich groß und barmherzig.« (Est 5 ff)

Drei Jahre nach der ersten Profeß legte Edith Stein die Ewige Gelübde als Karmelitin ab und wurde damit Kapitularin des Konventes mit passivem und aktivem Stimmrecht. Die Aufnahme zeigt den Profeßschein in der Handschrift Edith Steins. Es ist im Karmel Brauch, dieses Dokument den verstorbenen Schwestern mit in den Sarg zu geben. Edith Steins Profeßschein blieb erhalten...
Edith hat ihre Ewige Profeß nicht nur als Bindung an den Orden des Karmel verstanden, sondern als Gelöbnis einer unwiderruflichen Lebenshingabe. Dabei ergreift sie der Gedanke der Stellvertretung wie ein göttlicher An-

Mein einziger Beruf ist fortan nur mehr lieben

(Hl. V Johannes vom Kreuz, Geistlicher Gesang)

ZELO·ZELATUS·SUM

PRO·DOMINO·DEO·EXERCITUUM

ANDENKEN

AN MEINE EWIGE HL. PROFESS

(21. April 1938)

UND MEIN SCHLEIERFEST

(Sonntag vom Guten Hirten, 1. Mai 1938)

im Karmel, Köln=Lindenthal

SCHWESTER TERESIA BENEDICTA

a Cruce, O. C. D.

(Edith Stein)

Gedenkbild von der Ewi-
gen Profeß und vom
Schleierfest Edith Steins.
Damals pflegte erst einige
Tage nach der Ewigen Pro-
feß das sogenannte Schleier-
fest stattzufinden: In einem
feierlichen Gottesdienst
erhielt die Kapitularin den
schwarzen Schleier anstelle
des bisherigen weißen.

E i n l a d u n g   zum Schleierfest einer

Schwester, das Sonntag, den 1. Mai, in der

Klosterkirche der Karmelitinnen, Köln-Lin-

denthal, Dürener Straße 89, gefeiert wird.

9 Uhr Hochamt, anschließend Ansprache, Wei-

he und Ueberreichung des schwarzen Schleiers.

Während die Gelübde in aller Stille abgelegt wurden, war das Schleierfest eine öffentliche Feier, zu der Gäste geladen wurden. Edith Stein hat dem vervielfältigten Einladungstext eine handschriftliche Freudenbezeugung hinzugefügt. – Das Hochamt mit der Festpredigt und den Zeremonien zur Übergabe des schwarzen Schleiers übernahm Weihbischof Dr. Josef Stockums. Edith hatte ihre erste Gelübde (am 21. April 1935) in der Morgenfrühe des Ostersonntags abgelegt. Dieser Zeitpunkt hat ihr viel bedeutet. Die Ewige Profeß, drei Jahre später, fiel auf den Donnerstag in der Osteroktav, der 1. Mai auf den 2. Sonntag nach Ostern, damals Sonntag des Guten Hirten genannt. Auf diesen Sonntag war seinerzeit auch die Einkleidung gefallen (am 15. April 1934). »Ich freue mich jeden Tag«, schrieb Edith an eine Freundin, »daß die österliche Zeit so lange dauert und daß man immer noch mehr von ihrem unerschöpflichen Reichtum in sich aufnehmen kann. Es ist doch die Zeit im Kirchenjahr, in der wir dem Himmel am nächsten sind. Die blühenden Bäume und die aufschießenden Stauden in unserem Garten sind überdies für mich unlöslich verbunden mit den großen Gnadentagen meines Klosterlebens.«

△ Nach den Gewalttätigkeiten der »Reichskristallnacht« entschloß sich Edith Stein, in einen ausländischen Karmel überzusiedeln. Ihr Plan, in ein Kloster des Hl. Landes zu gehen, zerschlug sich. So fiel die Wahl auf das niederländische Echt. Für den Reisepaß benötigte Edith Stein ein Foto. Das Bild wurde auf der Schwelle der offenen Klausurtür aufgenommen. Ganz schwach erkennt man an der weißgetünchten Wand des Klosterganges das dort hängende Kreuz, das über dem Kopf Schwester Benedicta vom Kreuz zu sehen ist.

Ehe Edith Stein Köln verließ, fuhr Dr. Strerath sie zu der ehemaligen Karmelitinnenkirche – damals Pfarrkirche – »Maria vom Frieden« in der Kölner Altstadt. Edith hatte den Wunsch geäußert, vor dem Gnadenbild der »Königin des Friedens« ein letztes Mal beten zu können. Auch die aus dem 17. Jahrhundert stammenden Gebäude, in denen die Karmelitinnen bis 1802 gelebt hatten, wurden ihr gezeigt. – Das Bild zeigt den Kirchenraum vor seiner Zerstörung 1942. Auch das Kloster in Köln-Lindenthal wurde vernichtet. Nach dem Zweiten Weltkrieg bauten die Karmelitinnen Kirche und Kloster »Maria vom Frieden« wieder auf und bezogen 1949 ihr altes Anwesen. ▷

»... zum Aufbruch – ... fürs ganze Leben – ...«

Das Karmelitinnenkloster in Echt/Limburg, Bovenstestraat 48, in dessen Gemeinschaft Edith Stein am 31. Dezember 1938 gastlich aufgenommen wurde. Damals wurde im Schwesternkreis ausschließlich deutsch gesprochen. Erst als 1941 fünf junge Mädchen als Novizinnen eintraten, ging man zum Niederländischen über. In ganz kurzer Zeit beherrschte Edith die neue Sprache vollständig.

Mit der ihr eigenen Hellsichtigkeit ahnt Edith Stein, daß der Abschied von Köln ein Abschied für immer ist. Sie siedelt über nach Echt, einem kleinen Ort in den Niederlanden. Dort befindet sich – von Köln aus gegründet – ein Karmel aus der Zeit des Bismarckschen Kulturkampfes. Edith wird mit herzlicher Hilfsbereitschaft aufgenommen, und bald fühlt sie sich in Echt zu Hause – geborgen im Willen Gottes. So schreibt sie es.

Die Schwestern in Köln halten die neutralen Niederlande für eine sichere Zuflucht. Es war jedoch nicht leicht, in dem von Flüchtenden überschwemmten Land eine dauernde Aufenthaltsgenehmigung zu erlangen; noch schwieriger wird es im nächsten Jahr, als ihre Schwester Rosa Stein – Katholikin wie Edith – ihr nach Echt folgt. Aber schließlich gelingt es doch, und Rosa wird im Pfortendienst des Klosters eingesetzt.

Beide Schwestern sind voll Dankbarkeit, auch für das Beisammensein. Und dennoch haben es beide schwer. Die Familie ist aufgerieben, in alle Welt zerstreut, ein Rest in Deutschland tödlich bedroht. Als mit der deutschen Besetzung auch in den Niederlanden die Judenverfolgung beginnt, dringen immer neue Schreckensnachrichten ins Kloster, die Rosa als

Oben links: Zeitweilig hatte Edith Stein im Kloster das Refektorium zu besorgen. Sie hat auch oft und gern von der Lesekanzel aus die Tischlesung während der Mahlzeiten übernommen.

Oben rechts: Zellengang im Echter Karmel; auf der rechten Seite sieht man die Tür zur Klosterzelle Edith Steins (die vierte von vorn).

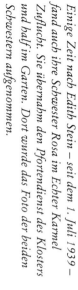

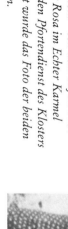

Einige Zeit nach Edith Stein – seit dem 1. Juli 1939 – fand auch ihre Schwester Rosa im Echter Karmel Zuflucht. Sie übernahm den Pförtendienst des Klosters und half im Garten. Dort wurde das Foto der beiden Schwestern aufgenommen. ▽

Pförtnerin von draußen mitbringt. Das belastet und beunruhigt alle im Haus.

Wohl auch, um Sr. Benedicta der ständigen Aufregung durch Hiobsbotschaften zu entziehen, gibt ihr die Mutter Priorin wieder wissenschaftliche Arbeit. Zum Jubiläum des »Kirchenlehrers der Mystik und Vaters der Karmeliten«, Johannes vom Kreuz, soll Edith sein Leben und seine Lehre in einem Buch darstellen. Die Vertiefung in das Werk dieses Heiligen empfindet sie als besondere Gnade. Sie fühlt, daß die Netze der Verfolger sich dicht und dichter um sie zusammenziehen;

Versuche, eine Ausreise in die Schweiz zu ermöglichen, kommen nicht vom Fleck. Als die niederländischen Bischöfe einen Protest gegen die Judendeportationen an die Öffentlichkeit bringen, folgt der Gegenschlag: Am 2. August 1942 werden Edith und Rosa Stein mit sämtlichen katholischen Juden in Sammellager nach Amersfoort und Westerbork und am 7. August in den Osten deportiert. Dort verliert sich die Spur der Schwestern. Nach den bisherigen Ergebnissen langer Forschungen wurden beide am 9. August in Auschwitz-Birkenau in den Gaskammern getötet.

Ich danke meinen lieben Oberen und allen lieben Mitschwestern von ganzem Herzen für die Liebe, mit der sie mir aufgenommen haben, und für alles Gute, das sie mir erwiesen haben zu teil werden.

Schon jetzt nehme ich den Tod, den Gott mir zugedacht hat, in vollkommener Unterwerfung unter seinen heiligsten Willen mit Freuden entgegen. Ich bitte den Herrn, daß er mein Leben und Sterben annehmen möchte zu seiner Ehre und Verherrlichung, für alle Anliegen der hei.g. Herzen Jesu und Mariens und der heiligen Kirche, insbesondere für die Erhaltung, Heiligung und Vollendung unseres hl. Ordens

Im Echter Karmel schrieb Edith Stein ein Testament. Es enthält Vorschläge in bezug auf die hinterlassenen Bücher und Manuskripte. Vor allem aber ist dieses Testament ein geistliches Vermächtnis. Die nebenstehenden Zeilen sind ein Teil daraus.

Ordens, nämlich die Sühne und die Ehre
Gottes, zur Sühne für den Unglauben des
jüdischen Volkes und damit der Herr von
den Seinen aufgenommen werde und sein
Reich komme in Herrlichkeit, für die
Rettung Deutschlands und den Frieden
der Welt, schließlich für meine Angehörigen,
lebende und tote, und alle, die mir Gott
gegeben hat: daß keiner von ihnen verloren gehe.

Am Freitag in der Fronleichnamsoktav,
9. Juni 1939, dem 7. Tag meiner 2. Exerzi-
tien.

In nomine Patris et Filii et Spiritus Sancti.
Ihr. Teresia Benedicta a Cruce, O.C.D.

Letzte Aufnahmen von Rosa und Edith Stein, vermutlich vom Frühjahr oder Sommer 1942.

72

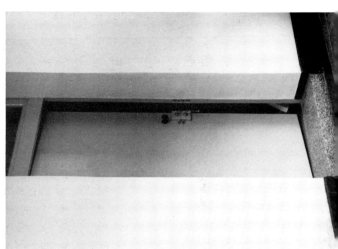

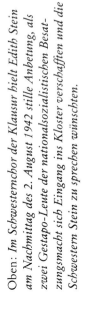

Oben: Im Schwesternchor der Klausur hielt Edith Stein am Nachmittag des 2. August 1942 stille Anbetung, als zwei Gestapo-Leute der nationalsozialistischen Besatzungsmacht sich Eingang ins Kloster verschafften und die Schwestern Stein zu sprechen wünschten.

Oben rechts: Am Gitter des Sprechzimmers erklärten die beiden Männer Edith und Rosa Stein für verhaftet und forderten ihr sofortiges Mitkommen. Nach nutzlosen Verhandlungen, in denen die Priorin um Aufschub wegen der laufenden Ausreisebemühungen bat, verließen die beiden Schwestern mit den Gestapo-Leuten das Haus.

Klausurtür im Echter Karmel, durch die Edith Stein das Kloster verließ.

△

Was bedeutet für Edith Stein in den letzten Monaten ihres Lebens Johannes vom Kreuz? Zweifellos hat Edith sich diesem Heiligen schon lange verbunden gewußt. Sie las oft seine Werke und meditierte seine geistliche Lyrik. Und vor allem: Sie wählte wie er den Namenszusatz »vom Kreuz«. Solche Titel weisen im Karmelorden auf die Berufung und Bereitschaft hin, im Sinn bestimmter Glaubensgeheimnisse zu leben. Für Johannes vom Kreuz und für Edith Stein bezeichnet das Kreuz den

Inbegriff der Hingabe Jesu an sein Menschenschicksal, das er – dem Vater im Himmel vertrauend – auf Erden durchlebte und durchlitt, um alle Menschen aus Schuld und Verhängnis in das Vaterhaus heimzuholen, das viele Wohnungen und Heimat für alle hat.

Es gibt mehrfache Andeutungen, daß Edith Stein ihr Eigenstes bei Johannes vom Kreuz wiederfindet. Wir können nur wenige Einzelzüge nennen. Sie spricht zum Beispiel von der Berufung und Aussonderung eines Menschen,

Nicht unmittelbar vor der Haustür, sondern in der Nähe an der Straßenecke wartete das Polizeiauto. Aufgeregte und protestierende Menschen hatten sich dort schon zusammengefunden. Auch eine rasch herbeigerufene Hausfreundin des Karmel konnte sich den beiden Verhafteten so weit nähern, daß sie deutlich den Zuspruch Ediths an ihre weinende Schwester Rosa verstand: »Komm, wir gehen für unser Volk!«

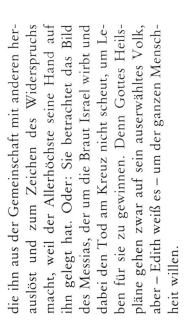

Im Karmelitinnenkloster Le Pâquier in der Schweiz war die Zelle schon hergerichtet, die Edith Stein aufnehmen sollte. Aber alle Rettungsversuche kamen zu spät.

Das Polizeiauto brachte die Verhafteten, nach einer Zwischenstation in Amersfoort, in das Sammellager Westerbork; dort traf der Transport, der ausschließlich katholisch getaufte Juden umfaßte, am 4. August ein. Unter den Häftlingen waren auffallend viele Ordensleute. Im Lager erfuhren die Häftlinge, daß das Ganze eine Vergeltungsmaßnahme für den öffentlichen Einspruch der Bischöfe gegen die Judendeportationen war. Eine der Gefangenen schrieb aus Westerbork: »... Ich gebe mit Mut und Vertrauen und Freude – auch der Ordensschwestern, die mit mir sind –; wir dürfen Zeugnis ablegen für Jesus und mit unseren Bischöfen zeugen für die Wahrheit...«

Edith Stein hat in ihrem fragmentarischen letzten Werk, der »Kreuzeswissenschaft«, zu deuten versucht, was sie in einem langen Bemühen vom Wesen des Menschenlebens zu erfassen vermochte. Ihr jugendlicher Lebensplan, mit ihren Gaben und Kräften »der Menschheit zu dienen«, und ihre Lebenshingabe mit Christus »um der Menschheit willen« schließen sich so am Ende zu einem großen Sinnganzen zusammen.

die ihn aus der Gemeinschaft mit anderen herauslöst und zum Zeichen des Widerspruchs macht, weil der Allerhöchste seine Hand auf ihn gelegt hat. Oder: Sie betrachtet das Bild des Messias, der um die Braut Israel wirbt und dabei den Tod am Kreuz nicht scheut, um Leben für sie zu gewinnen. Denn Gottes Heilspläne gehen zwar auf sein auserwähltes Volk, aber – Edith weiß es – um der ganzen Menschheit willen.

J + M

Trente - Werler -

Pater K.!

Dork Baracke 36
6. IV. 42

Liebe Mutter!

_____ eine Klostermutter!

ist gestern abend mit Post
ka... hier ihr Kind angekom-
men und will gut - Brief
chen mitnehmen. Morgen
früh geht -! Transport (Sehe.
s'... oder Ischer) weiter. ?!
Der Nothnagel ist
Vollene Strümpfe
2 Decken
Für Rosa alle wärme

Unterzeug u. was in
der Wäsche war, für bei
hundlichen u. Wackley
... Rosa hat auch kein
Zahnbürste kein Kamm u.
... Rosenkranz. Ich habe a
gern den nächsten Brei
brand (konnte bisher
herlich ...). Uns e
Talentikbok Karte Slam
und Brodkarten,
1000 Dank, bitte
an alle ... denklens
... Kind B.
...bet u. Schwesten

kommen, Für Reise -
Geld wird unser
Kloster sorgen.

Karmelitinnen -
Kloster Echt
Bovenstestraat- 48
Schw. Teresia Benedicta
a Cruce (Edith Stein)
Rosa Stein,
Schweizer Konsulat
Amsterdam C
Heerengracht- 545,
Möge sorgen, daß
wir möglichst bald
über die Grenze

Seite 76: In Westerbork durften die Häftlinge noch Briefe fortschicken und auch Besucher empfangen, die ihnen Kleidung, Wäsche oder Medikamente bringen konnten. Auch der Echter Karmel hatte zwei junge Männer nach Westerbork zu den Schwestern Stein geschickt, die ihnen Koffer brachten und ein von Sr. Benedicta hastig auf Kalenderblätter gekritzeltes Briefchen an die Priorin des Karmel mit zurücknahmen. Im Datum hat Edith Stein sich verschrieben: es war der 6. VIII. 1942. – Mit Edith Stein waren im Lager eine Reihe anderer Ordensfrauen inhaftiert. Der erste Satz bezieht sich darauf, daß eine dieser Schwestern von ihrer Oberin Besuch erhielt.

▽

Diese Notizen machte Edith Stein vermutlich für die Schwestern in Echt, um sie zu bitten, sich in letzter Minute nochmals um die Ausreiseerlaubnis beim Schweizer Konsulat in Amsterdam zu bemühen.

In der Frühe des 7. August ging der Transport von Westerbork ab. Der Zug fuhr zunächst in südlicher Richtung und passierte den Bahnhof Schifferstadt in der Pfalz, wo er längeren Aufenthalt hatte. Dort muß Edith Stein Gelegenheit gefunden haben, kurze Nachrichten an Bekannte weiterzugeben. Jedenfalls haben mehrere Zeugen ausgesagt, daß ihnen aus einem wartenden Zug in Schifferstadt von einer dunkelgekleideten Dame, die sich als Edith Stein zu erkennen gab, mündlich oder sogar schriftlich eine kurze Mitteilung zukam: »Wir sind auf der Fahrt zum Osten!«

INFORMATIEBUREAU VAN HET NEDERLANDSCHE ROODE KRUIS

Jan Evertstraat 9, 's-Gravenhage

Telefoon: 184200

's-Gravenhage, 22.April 1958.

Abwicklungsbüro
Jüdischer Angelegenheiten
Dossier Nr.: 108796
Ihr Schr. vom 17.1.1958 an den
Internationalen Suchdienst in Arolsen.

BESCHEINIGUNG

Unterzeichneter, Chef des Abwicklungsbüros Jüdischer Angelegenheiten des Informationsbüros des Niederländischen Roten Kreuzes, bestätigt hierdurch, dass laut in den Archiven dieses Büros befindlichen Unterlagen

Edith Teresia Hedwig STEIN

geboren am 12.Oktober 1891   in: Breslau

letzter Wohnsitz: Kloster der Karmelitinnen Bovenste straat 48, Echt (Holland)

aus rassischen Gründen und zwar wegen jüdischer Abstammung am 2.August 1942 in Echt verhaftet, über das K.L.Amersfoort (Holland) - am 5.August 1942   ins K.L.Westerbork (Holland) eingeliefert und am 7.August 1942   von K.L.Westerbork nach dem K.L.Auschwitz deportiert wurde.

Obengenannte Person gilt als gestorben am 9.August 1942   *) in Auschwitz.

Am 16.Februar 1950   ist beim Standesamt in Echt **) laut Bekanntgabe im niederländischen Staatsanzeiger gleichen Datums von der amtlichen Kommission cd hoc im niederländischen Justizministerium Anzeige gemacht worden vom Ableben der in dieser Bescheinigung erwähnten Person. Sobald die gesetzlich vorgeschriebene dreimonatliche Frist von diesem Datum an gerechnet verstrichen ist, erfolgt, insgruch vorbehalten, die Ausstellung der Sterbeurkunde und sind beglaubigte Abschriften beim obenerwähnten Standesamt erhältlich.

*) Von Amts wegen auf Grund von Schlußfolgerungen allgemeiner Art festgesetztes Todesdatum; individuelle Angaben betreffs des Todeszeitpunktes liegen nicht vor.

Chef des Abwicklungsbüros.
(J.Looijenga)

**) In diesem Staatsanzeiger ist infolge eines Druckfehlers der 9.August 1942 als Todesdatum angegeben. In der Sterbeurkunde beim Standesamt ist aber das richtige Datum eingetragen.

Modell J.80a.

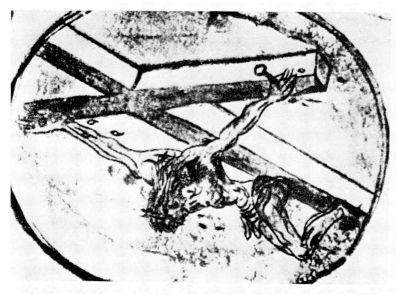

Kreuzzeichnung des hl. Johannes vom Kreuz [1542 - 1591; Original in Ávila, Convento de la Encarnación].

Bescheinigung des Niederländischen Roten Kreuzes über den Tod Edith Steins. Das Justizministerium hatte im Niederländischen Staatsanzeiger am 16. Februar 1950 als Todestag den 9. August angegeben als das nach den vorliegenden Informationen wahrscheinlichste Datum. Rosa Stein starb in Auschwitz-Birkenau am selben Tage. Die Opfer dieses Transports wurden vor der Tötung in den Gaskammern nicht in die Arbeitslager eingeliefert. Daher sind sie nirgendwo in den Häftlingslisten von Auschwitz namentlich aufgeführt. Nachgewiesen ist, daß der am 7. August von Westerbork abgegangene Transport katholischer Juden am 9. August in Auschwitz eintraf.

Länger als ein Jahr hatte Edith Stein vor dem Ende ihres irdischen Lebens an ihrem letzten Werk gearbeitet, der »Kreuzeswissenschaft«. Oft schaute sie dabei ein kleines Bildnis des Gekreuzigten an, das der hl. Johannes vom Kreuz einst gezeichnet hatte. Es war eine unzulängliche Wiedergabe auf mangelhaftem Papier. Darum hatte Schwester Benedicta vom Kreuz das Bildchen abzuzeichnen versucht und dazu geschrieben: »... ich bin nichts weniger als ein Künstler; aber ich habe es mit Ehrfurcht und Liebe getan.«

Zitatennachweis

BRESLAU

»Wir sind auf der Welt...« (ESW, Bd. VII, S. 148).

»Am 12. Oktober wurde ich...« (Lebenslauf der Inauguraldissertation »Zum Problem der Einfühlung«, Halle 1917.

»Ich hatte das Lernen satt« (ESW, Bd. VII, S. 118).

»...ganz bewußt und aus freiem Entschluß (ESW, Bd. VII, S. 121).

»...ständige Anspannung aller Kräfte...« (ESW, Bd. VII, 184).

»...so lebte ich in der naiven...« und »...oft in spottendem und ironischem Ton« (ESW, Bd. VII, S. 165).

GÖTTINGEN

»...Blick in eine neue Welt...« (ESW, Bd. VII, S. 218).

»fast ohne es zu merken, allmählich umgebildet« (ESW, Bd. VII, S. 230).

»Ich hätte hier...« (ESW, Bd. VII, S. 186).

»Der Blick wendete sich...« (ESW, Bd. VII, S. 220).

»an dem notwendigen Fundament geklärter Grundbegriffe fehle..., »ganz eigentlich in solcher Klärungsarbeit bestand und man sich das gedankliche Rüstzeug...« (ESW, Bd. VII, S. 190f).

»der größten Entscheidung meines Lebens entgegen« (ESW, Bd. VII, S. 209).

»eine bis dahin völlig unbekannte Welt« (ESW, Bd. VII, S. 230).

»tiefer und schöner als...« (ESW, Bd. VII, S. 275).

»der Anfang eines neuen Lebensabschnittes« (ESW, Bd. VII, S. 237).

FREIBURG

»gehorchen, das kann ich nicht« (ESW, Bd. VIII, S. 31; Brief an Roman Ingarden, 19. 2. 1918).

»Geboren Sie etwa auch dazu...« (ESW, Bd. VII, S. 361).

»Richtiger Abc-Unterricht...« (ESW, Bd. VIII, S. 27; Brief an Roman Ingarden, 31. 5. 1917.

»Beten Sie für mich...« (ESW, Bd. VIII, S. 21; Brief an Roman Ingarden, 17. 3. 1917).

»bleibt immer der Meister...« (ESW, Bd. VIII, S. 44; Brief an Fritz Kaufmann, 22. 11. 1918).

BERGZABERN

»Mein Geheimnis ist für mich« (aus den Erinnerungen von Hedwig Conrad-Marius [»secretum meum mihi«] zitiert aus: Hochland, 51. Jg. Okt. 1958, S. 38).

»brannte mir der Boden« bis »...durchmachte« (ESW, Bd. VII, S. 205 ff).

»im Sommer 1921...« (aus Edith Steins Aufzeichnungen: »Wie ich in den Kölner Karmel kam«, Handschrift im Archiv des Karmels in Köln, B I 14a).

BEURON

»Wie den Vorhof des Himmels« (aus den Aufzeichnungen Edith Steins: »Wie ich in den Kölner Karmel kam«, Handschrift im Archiv des Karmels in Köln, B I 14a, S. 19).

SPEYER

»...eine kleine, einfache Wahrheit, die ich zu sagen habe« (ESW, Bd. VIII, S. 87; Brief an Adelgundis Jaegerschmid, 28. 4. 1931).

»Ich bin nur ein Werkzeug...« (ESW, Bd. VIII, S. 77; Brief an Erna Herrmann, 19. 12. 1930).

»...schwierigen und vielumstrittenen Frage...« (ESW, Bd. V, S. 43).

»Dogmatisch...« (ESW, Bd. V, S. 43).

»Ob geweiht oder ungeweiht...« (ESW, Bd. V, S. 43).

»Erst die rein entfaltete...« (ESW, Bd. V, S. 15).

MÜNSTER

»...wo meine Grenzen sind...« (ESW, Bd. VIII, S. 122; Brief an Hedwig Conrad-Marius, 13. 11. 1931).

»...daß es so ist, wie es sein muß« (ESW, Bd. VIII, S. 92; Brief an Adelgundis Jaegerschmid, 28. 6. 1931).

»...die ganz mit ihrer Lebensarbeit...« (ESW, Bd. VIII, S. 122; Brief an Hedwig Conrad-Marius, 13. 11. 1932).

»daß es notwendig Schritt für Schritt« (ESW, Bd. VIII, S. 135; Brief an Hedwig Conrad-Marius, 5. 4. 1933).

KÖLN

»...für alle vor Gott zu stehen...« (ESW, Bd. IX, S. 9; Brief an Fritz Kaufmann, 14. 5. 1934).

»Was wäre Gebet der Kirche...« (aus einem Aufsatz Edith Steins: »Das Gebet der Kirche«, in: Ich lebe und ihr lebet, hrsg. v. d. Akademischen Bonifatius-Einigung Verlag der Bonifacius-Druckerei GmbH, Paderborn 1937, S. 81.

ECHT

»...zum Aufbruch – fürs ganze Leben« (ESW, Bd. IX, S. 128; Brief an Anni Greven, 14. 1. 1939).

Benutzte Literatur

Edith Steins Werke (ESW)
Herausgegeben von Dr. L. Gelber und
P. Romäus Leuven OCD

Band I:
Kreuzeswissenschaft.
Studie über Johannes a Cruce.
De Maas & Waler/Druten und Herder/Freiburg–Basel–Wien ³1983.

Band II:
Endliches und ewiges Sein.
Versuch eines Aufstiegs zum Sinn des Seins.
Herder/Freiburg–Basel–Wien ³1986.

Band V:
Die Frau.
Ihre Aufgabe nach Natur und Gnade
(gesammelte Aufsätze und Vorträge).
Nauwelaerts/Louvain und Herder/Freiburg 1959.

Band VI:
Welt und Person.
Ein Beitrag zum christlichen Wahrheitsstreben
(gesammelte Aufsätze und Vorträge).
Nauwelaerts/Louvain und Herder/Freiburg 1962.

Band VII:
Aus dem Leben einer jüdischen Familie.
Das Leben Edith Steins: Kindheit und Jugend.
De Maas & Waler/Druten und Verlag Herder/Freiburg–Basel–Wien. Vollständige Ausgabe 1985.

Band VIII:
Selbstbildnis in Briefen. Erster Teil 1916–1934.
De Maas & Walter/Druten und Verlag Herder/Freiburg–Basel–Wien 1976.

Band IX:
Selbstbildnis in Briefen. Zweiter Teil 1934–1942.
De Maas & Walter/Druten und Verlag Herder/Freiburg–Basel–Wien.

Band X:
Heil im Unheil.
Das Leben Edith Steins: Reife und Vollendung
(nach Dokumenten zusammengestellt von P. Romäus Leuven OCD).
De Maas & Waler/Druten und Verlag Herder/Freiburg–Basel–Wien 1983.

Edith Stein, eine große Frau unseres Jahrhunderts. Ein Lebensbild, gewonnen aus Erinnerungen und Briefen durch Sr. Teresia Renata de Spiritu Sancto OCD (Posselt)
Glock und Lutz/Nürnberg ⁷1954.

Kleines Philosophisches Wörterbuch
Herder-Bücherei Nr. 16, 1958.

Zeittafel

Ereignisse und Daten im Leben Edith Steins

1891	12. 10.	in Breslau als Jüdin geboren.
1911		Abitur in Breslau, mit Auszeichnung.
1911–1913		Studium in Breslau: Germanistik, Geschichte, Psychologie und Philosophie.
1913–1915		Studium in Göttingen: Philosophie (Husserl), Germanistik, Geschichte.
1915		Staatsexamen in Göttingen, mit Auszeichnung.
1916		Lazarettdienst beim Deutschen Roten Kreuz in Mährisch-Weißkirchen.
		Referendarzeit in Breslau.
		Doktorexamen in Freiburg, summa cum laude.
1916–1918		wissenschaftliche Assistentin bei Edmund Husserl in Freiburg.
1919–1923		private wissenschaftliche Arbeiten; vergebliche Versuche zur Habilitation.
1921		Lektüre des »Lebens« der heiligen Teresa von Avila im Hause Conrad-Martius in Bergzabern/Pfalz; Entschluß zur Konversion.
1922	1. 1.	Taufe und erste heilige Kommunion in der Pfarrkirche St. Martin in Bergzabern.
	2. 2.	Firmung in der Hauskapelle des Bischofs von Speyer.
1923–1931		Lehrerin am Mädchenlyzeum und an der Lehrerinnenbildungsanstalt der Dominikanerinnen von St. Magdalena in Speyer.
		Übersetzungsarbeiten und andere schriftstellerische Tätigkeit.
1932–1933		Vortragsreisen im In- und Ausland.
		Dozentin am Deutschen Institut für wissenschaftliche Pädagogik in Münster.
1933	14. 10.	Eintritt in den Kölner Karmel.
1934	15. 4.	Einkleidung als Sr. Teresia Benedicta a Cruce.
1935	21. 4.	Erste Gelübdeablegung, Profeß für drei Jahre.
1938	21. 4.	Ewige Gelübde.
	1. 5.	Sogenanntes Schleierfest.
	31. 12.	Übersiedlung nach Echt/Niederlande.
1934–1942		Entstehung ihrer bedeutendsten Werke: Endliches und ewiges Sein; Kreuzeswissenschaft; außerdem viele kleinere Arbeiten.
1942	2. 8.	Verhaftung und Überführung nach Amersfoort.

1942	4.	8.	Weiterfahrt von Amersfoort nach Camp Westerbork.
	7.	8.	Abtransport von Westerbork zum Osten.
	9.	8.	Ankunft in Auschwitz, Tötung in Birkenau.
1962	4.	1.	Eröffnung des kirchlichen Prozesses für die Seligsprechung Edith Steins durch den Erzbischof von Köln, Josef Kardinal Frings.
	25.	7.	Eröffnung des Schriftenprozesses für Edith Stein.
1971	7.	7.	Feierlicher Abschluß des Schriftenprozesses in Köln.
1972	7.	3.	Eröffnung des dritten Teilprozesses: »De-non-cultu«.
	9.	8.	Abschluß des gesamten Diözesanprozesses durch Kardinal Höffner bei einer Feier zum 30. Todestag Edith Steins im Kölner Karmel; anschließend Überführung aller Akten nach Rom.
1987	1.	5.	Seligsprechung Edith Steins durch den Heiligen Vater Papst Johannes Paul II. in Köln.

Glaubenszeugen
aus Geschichte und Gegenwart

Paul Imhof (Hrsg.)
Frauen des Glaubens

echter

Frauen des Glaubens

Herausgegeben von Paul Imhof. 2. Auflage, 1986, 280 Seiten, 18 einfarbige Abbildungen, Format 20,5 x 12,5 cm, fest gebunden, DM 29,-.
ISBN 3-429-00928-6

»Hier werden achtzehn namhafte Frauengestalten der katholischen Überlieferung (Heilige und andere) – angefangen bei Hildegard von Bingen bis Adrienne von Speyr – in ihrem Glaubensleben vorgestellt. Sie alle – auch die bis in unsere Zeit hineinragenden Gestalten, wie Hedwig Dransfeld und Ida Friederike Görres – fassen ihren Glauben nicht betont als den Glauben einer der christlichen ›Konfessionen‹ auf, sondern als den *kirchlichen* Glauben. Dabei ist Kirche für sie *die* konkrete Glaubenswirklichkeit, in der einzig und allein ihnen Christus als der von Gott gesandte Erlöser begegnet und wirksam ist ... Die einzelnen Portraits sind – bei aller qualitativen Unterschiedlichkeit historischer und literarischer Art – sehr sorgfältig gearbeitet und gehen weit über das durchschnittlich Gewußte hinaus.«

Friedrich Wulf, in: Geist und Leben

PATER
RUPERT
MAYER

Wilhelm Sandfuchs

Sein Leben
in Dokumenten
und Bildern

echter

Wilhelm Sandfuchs
Pater Rupert Mayer

Sein Leben in Dokumenten und Bildern. 108 Seiten, 6 farbige und zahlreiche Schwarzweiß-Abbildungen und Dokumentenwiedergaben, Format 19 x 20,5 cm, fest gebunden, DM 19,80. ISBN 3-429-00888-3

Sandfuchs zeigt den »Männerapostel« und »Nothelfer«, den unermüdlichen Bekenner des Glaubens und den Verteidiger der Wahrheit gegen die vielfältigen Angriffe der Gegner.
»Dokumente, Fotos und Begleittext vermitteln über die fesselnde Schilderung dieses Lebens hinaus aufschlußreiche Einblicke in die jüngste Kirchen- und Zeitgeschichte.«

Regensburger Bistumsblatt

echter

»echter«-Bücher erhalten Sie bei Ihrem Buchhändler!